ドキュメント 生還 2

document: Survival 2 Osamu Haneda

長期遭難からの脱出

羽根田治

山と溪谷社

document: Survival 2
Osamu Haneda

CONTENTS

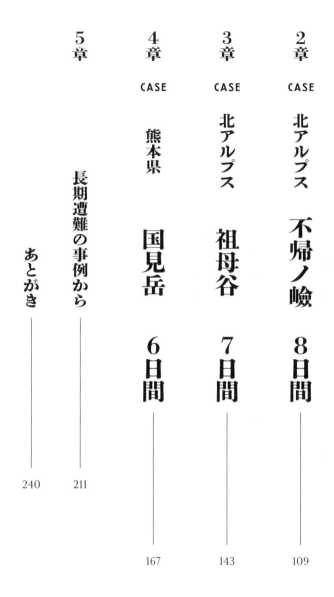

カバー写真　羽根田 治

写真提供　2章　不帰ノ嶮　富山県警察
　　　　　3章　祖母谷　中西俊明

その他の写真は当事者に提供していただきました。

1章

CASE

大峰山
弥山

13日間

PART 1

手記

大峰山からの生還

冨樫篤英

「やってしまった！」

崖から滑落して気を失い、意識を取り戻したときに、心の中でつぶやいたのがこのひとことだった。

それから救助されるまで、13日間を山のなかで過ごすことになるとは、まさか思いもしなかった。

山との出会い

2010（平成22）年10月、国土交通省から鉄道会社へ出向することになった。

私が所属した部署では職員同士の連帯感を大事にしており、職員はいずれかの部活に参加しなければならず、さまざまな部活やレクリエーションにも一丸となって取り組む風土があった。

当時、私は十年来の腰痛に悩まされていて、整形外科や整骨院などに通ってはみたが、なかなか改善しなかった。医師や理学療法士からは、体を動かして柔軟性を高め、筋力もつける必要があると言われつつも、億劫でやらずじまいでいた。

そんな折、登山なら適度な運動になるだろうと安易に考え、先輩からの誘いもあり、これはいいチャンスとばかりに山岳会に参加することにした。これが登山を始めたきっかけである。

最初の山は、47歳のときに登った那須の三《さん》本槍《ぼんやり》岳であった。このときの参加者は総勢1

50人にのぼった。

　初めての登山ということもあり、出発前は大変緊張したが、とにかく前を歩く人の足跡をなぞることだけに集中して一歩一歩足を進めた。風景などをまわりを見る余裕はまったくなく、ひたすら前へ進むだけの片道3時間半の道のりだったが、それほどきつさを感じることなく、気がつけば頂上に着いていた。

　天気がよかったわけではないが、ときどき風で雲が吹き飛ばされると、雲の切れ間から那須連山を一望することができた。同僚から周囲の山々の名前を教えてもらいながら、初めての風景に感動したことを覚えている。

　その後は燧《ひうち》ヶ岳、爺《じい》ヶ岳・鹿島槍《かしまやり》ヶ岳、宮《みや》之浦《のうら》岳、赤城《あかぎ》山、矢倉《やぐら》岳、南八《みなみやつ》ヶ岳・硫黄《いおう》岳などに登る機会を得た。これらの登山を通していちばん驚いたのは、事前に非常に綿密な計画（公共交通機関の時刻、登山のコースタイム、装備品、参加者すべての連絡先など）を立てることであった。危険と隣り合わせの山で団体行動をするのだから当然なのかもしれないが、それを行なって初めて安全な登山を楽しめるのだということを教えられた。これは、私のその後の登山にとても役立っている。

　13（平成25）年に島根県への転勤が決まったときは、東京からはなかなか行けない西日本の山に登れることに期待が膨らんだ。しかし、アプローチが不便な山が多いうえ、仕事や家事などに追われ、まとまった時間を確保するのが難しく、年に2、3回しか山に行けなかった。

その代わりに始めたのがロードバイクで、最初は苦しいだけだったのが、少しずつ筋力もつき、体重も徐々に減ってきた。「益田INAKAライド」の120キロコースを無理なく完走できるまでになったころには、自分でも驚くぐらい筋力がついたことを実感し、腰痛も嘘のようになくなっていた。

大峰山へ

島根県に来てから3年半が経とうとしていた16（平成28）年の秋、10月上旬の3連休に休暇を取れることが直前にわかり、登山に行くことを思い立った。

それまでに夏秋冬の大山《だいせん》、三瓶《さんべ》山、四国の石鎚《いしづち》山と剣《つるぎ》山、九州の九重《くじゅう》山、祖母《そぼ》山、北海道の後方羊蹄《しりべし》山に登っていた（秋の大山以外はすべて単独行だった）。山を始めた当初は、標準コースタイムより時間がかかっていたが、ロードバイクのおかげで7、8割程度の時間で登れるようになり、下りで必ず痛めていた膝もそれほど痛くならなくなっていた。

今回は行ったことのない地方の百名山に挑戦しようと考え、修験道で有名な大峰《おおみね》山に行くことにした。ルートは天川川合《てんかわかわい》からの往復とし、交通機関の発着時刻、乗り換えに要する時間、コースタイムなどを調べ、いつものように自宅を出発してから帰宅するまでの詳細な行程表を作成した。現地では、これを縮小コピーして測量野帳に貼り付けたものを頼りに行動することになる。

今はネットでさまざまな情報を検索できるので、ほんとうに便利だ。個人の山行記録も現地の写真とともに多数アップされていて、大変参考になる。

10月7日（金）

出発当日、松江は晴れ。予定どおり職場を出発、空港連絡バスに乗り、出雲空港には午後3時55分に到着した。

ところが、私が乗るはずの便が2時間以上遅れるとのアナウンスが。今日中に旅館までたどり着けるのか、早急に確認しなければならない。たどり着けなければ、登山は中止するしかない。

調べてみると、飛行機の出発時刻が4時間近く遅れても旅館に着けることがわかった。これで少しほっとする。すぐ旅館に電話して事情を話すと、「玄関の鍵は開けておくから」と言っていただいた。ありがたかった。

伊丹空港には午後7時半ごろ到着。空港連絡バスと近鉄を乗り継ぎ、道路から少し奥まったところにある旅館には2時間遅れの10時過ぎに到着した。

部屋に入るとすでに布団が敷いてあった。早速明日の準備をして、11時ごろ床に就く。

大峰山(10/7-9) 2016

到着	駅名・目的地等	出発	交通手段、その他	料金
10月7日				
	自宅	15:00	徒歩	
15:12	松江しんじ湖温泉	15:15	路線バス	1,130
15:55	出雲空港	16:45	JAC2356	19,400
17:35	大阪空港	17:55	徒歩	
18:02	大阪国際空港(北ターミナル)	18:10	大阪空港交通あべの橋・伊丹空港　あべの橋行	640
18:40	あべの橋	18:40	徒歩	
18:48	大阪阿部野橋	18:50	近鉄南大阪・吉野線急行　吉野行	910
20:02	下市口駅	20:02	徒歩	
20:09	松月館		朝食あり、0747-52-4344、決済済み となりの幸ちゃん(旅館から東50m)	4,300
10月8日				
	松月館	08:00	徒歩	
08:06	下市口駅	08:20	(ローソン駅北)、奈良交通　洞川温泉行	1,110
09:02	天川川合	09:15	登山	
16:30	弥山小屋		0747-52-1332、夕食17時	8,000
10月9日				
	弥山小屋	06:30	5h05m＋1h	
12:35 11:35	天川川合	12:39 11:39	奈良交通　大淀バスセンター行	1,110
13:35 12:35	下市口駅前	13:35 12:35	徒歩	
13:44 12:44	下市口駅	13:54 12:56	近鉄南大阪・吉野線特急　大阪阿部野橋行	910
15:12 14:12	大阪阿倍野橋	15:12 14:12	徒歩	
15:18 14:18	湯処あべの橋	15:52 15:00	徒歩、用意(石鹸、カミソリ、タオル)	440
— 15:02	晩飯	— 16:22	とりの匠 キューズタウン店	
15:58 16:28	あべの橋	16:00 16:30	バス：大阪空港交通　大阪空港行	640
16:34 17:04	大阪空港、晩飯	18:00	・551蓬莱飲茶CAFE(南ターミナル1階到着ロビー) ・収穫祭(中央ブロック4階展望デッキ) JAC2355	19,400
18:50	出雲空港	19:10	路線バス	1,130
19:50	松江しんじ湖温泉	19:50	徒歩	
20:05	自宅			
	合計			59,120

事前に綿密な計画を立て、携行する測量野帳に貼り付けた

10月8日（土）

朝6時ごろ起床し、シャワーを浴びて頭をスッキリさせる。

朝食もたっぷり摂って、持ってきたペットボトルに水を入れる、合計2・5リットル。ザックが肩にずしりとくる。

8時に宿を出発。天気は晴れ、朝からぽかぽか陽気である。コンビニで昼食のおにぎり2個と緑茶500ミリリットルを調達する。これで水分は3リットル。7時間の長丁場だが、これだけあれば充分だろう。

下市口駅発8時20分のバスに乗り、天川川合には9時2分に到着。天気はこちらも晴れていて、気温も高めに感じた。天川村総合案内所でトイレを済ませ、腕時計の高度計を標高に合わせて9時20分に行動を開始する。

吊り橋を渡って真っすぐ進み、「栃尾辻、弥山《みせん》コース（夏山7時間）」という標識があるところから本格的な登山が始まる。しばらく急登が続くが、それも30分程度歩くと傾斜も緩くなり、荒かった呼吸も落ち着いてきた。

だが、しばらく歩いても休憩予定の門前山《もんぜん》がよくわからない。周囲には木が生い茂り、まわりの景色もよくわからないまま歩き続けていると、突然鉄塔が現われた。標高は1100メートルを越えたあたりだったので、地図上の鉄塔のところまで来たことがわかった。

時刻は午前10時45分。登山開始から1時間25分が経っていた。水分を補給したが、とく

装備品	服装	長袖シャツ1枚、ジャージ（上）、インナー、Tシャツ3枚、パンツ3枚、登山用長ズボン・半ズボン各1本、靴下1足、登山用靴下2枚、軍手、帽子、登山靴
	携行品	ザック、ザックカバー、防水袋、ウエストポーチ、ストック、ヘッドランプ、携帯電話（スマホ、ガラケー）、スマホ用充電器、腕時計（高度計・コンパス付き）、登山地図、眼鏡（手元用）、度入りサングラス、雨具、折り畳み傘、膝サポーター、洗面用具、薬・絆創膏等救急用品、タオル3枚、スマホケース、ポケットティッシュ5つ、万能ナイフ、測量野帳、ボールペン、ゴミ袋3枚、保険証のコピー、財布、文庫本
	食料	昼食（現地調達）
	補給食	チョコクッキー、栄養補給ゼリー
	ペットボトル	1ℓ：2本、500mℓ：2本

に疲労感はなかったのでなにも食べなかった。5分休憩して登山を再開する。

しばらくすると、だんだんと雲行きがあやしくなってきた。雲が厚くなるにつれ暗くなり、風も出てきた。「もう少し天気がもってくれ」と祈りながら先を急いだ。

栃尾辻の避難小屋には予定より25分早い11時45分に到着した。このころからポツリポツリと雨が降り出してきた。

避難小屋はかなり朽ちており、中は真っ暗だった。座れそうなところもなかったので、入り口付近で立ったまま昼食を摂り、15分後の正午ちょうど、雨具を着て出発した。

降っているのは霧雨程度だったが、あたりには靄《もや》がかかり、10メートル先も見えづらくなってきた。オオビヌキ坂を通り、天女の頂の南側を絡みながら歩くこと30分、開けたところに出た。

ここは自分で勝手に命名したナメリ谷(注：実際は金引橋分岐)付近かなと思ったが、どこにも標識や目印がない。目の前の登り斜面には、ブナの疎林が広がっている。きれいに整備されているわけではないし、かといって歩きづらそうでもない。どの方向も登山道っぽい感じがして、いつの間にか道に迷っていた。

とりあえずブナ林のなかを真っすぐ歩いていったが、目印らしいものはまったく見当たらない。仕方なく諦め、右に折れて斜面を下りていったら、偶然にも木につけられた赤いリボンを発見し、登山道に戻ることができた。相変わらず靄が立ち込め、周囲はよく見えない。午後1時半ごろになり、そろそろナベの耳ではないかと思いながら歩きつづけたが、それらしい目印は見つからない。不安になりながらも、ただただ登山道と思われる道を進んでいく。

登山道自体は険しくなく、登ったり下りたりの繰り返しであった。全体を通して倒木が多く、またいだりかがんだりしなければならないところが多かった。ところどころ道が崩れていて、勢いをつけてまたがなければならない場所もあった。また、標識や看板、赤いリボンなどがとても少なく感じた。

今まで登った百名山は目印がよく整備され

民家の脇を抜けて登山道へ

10月8日、天川川合から入山した

9日朝、雨のなかの八経ヶ岳

栃尾辻を過ぎたあたり

ており、道に迷うようなことはほとんどなかったように思う。たまたま整備された山を登ってきただけなのかもしれない。

高崎横手分岐には午後2時少し前に到着した。ここには大きな案内標識があり、自分がルート上を歩いていることを久しぶりに確認でき、ほっと一安心した。このころには雨は本降りになっていた。

その先の狼平《おおかみだいら》の避難小屋には2時37分に到着したが、予定より7分遅れているので、休憩せず歩き続けた。長い木の階段を登り終えるころには、雨がだんだんと強くなってきた。弥山小屋着はちょうど4時。一時はどうなることかと思ったが、雨のなか、なんとか弥山小屋にたどり着くことができ、安堵の気持ちでいっぱいだった。

弥山小屋はとても広くきれいだった。今日の宿泊客は9人だという。そのうち2人は修験道の行者さんだった。夕食時、向かいに座った方が缶ビールを買って飲み始めたので、私も缶ビールを買い、おかずを肴に呑みながら食事をした。

食べ終えてすぐ部屋に戻り、明日の準備を済ませた。着る衣服などを用意した。明日も雨が続くようなので、雨具の下にはTシャツと短パンを着ることにした。

食事の前に仮眠を取ったせいか消灯時間を過ぎても眠くならず、ヘッドランプを使って1時間ほど読書してから就寝した。夜中の2時過ぎ、強い雨と風で窓ガラスがカタカタと

洞川温泉へ
法力峠へ
下市へ
10/8、
天川川合より入山
天川川合
熊渡
白倉谷
稲村ヶ岳
1726
奈良県
下仁田町
門前山
1580
バリゴヤの頭
トサカ尾山
1119
坪内谷
川迫川
オオビヌキ坂
栃尾辻
天女の頂
弥山川
川迫川渓谷
栃尾辻
避難小屋
ナメリ坂
1257
栃尾山
金引橋分岐
（ナメリ谷）
迷ヶ岳
1695
鉄山
1563
ナベの耳
頂仙岳
香精山
1718
修覆山
1846
弥山小屋
10/8、
弥山小屋に
宿泊
高崎横手分岐
狼平
避難小屋
日裏山
弥山
1895
レンゲ道
入谷
大普賢岳へ
八経ヶ岳
1915
10/9、
レンゲ道を
経由して
下山開始
弥山辻
1894
明星ヶ岳
五條市
禅師ノ森
1767
下仁田町
N
0
1km
釈迦ヶ岳へ

鳴る音で目が覚めた。明日は厳しい登山になるかなと思いながら、再び眠りに就いた。

10月9日（日）

午前5時に目を覚ますと外はまだ真っ暗で、風雨が窓ガラスを打つ音が響いていた。

朝食を済ませ、小屋を出発したのが6時15分。登り下りを繰り返し、近畿地方の最高峰、八経ヶ岳《はっきょう》には6時47分に到着した。

雨はまだ強く、周囲は霧で何も見えない。頂上に立ってこんなに残念な気持ちになったのは初めてだった。これまで立ったピークからは、周囲に聳え立つ山々や眼下に広がる街並み、あるいは雲海などが見られ、毎回、登山の醍醐味を堪能させてもらっていた。もしかすると、今までが恵まれすぎたのかもしれない。

写真撮影もそこそこに下山を開始する。道はぬかるみ、くるぶし近くまで水たまりになったところもあったので、できるだけ道の端や少し高い場所を選びながら、ひたすら足を前に進めた。

しばらくすると、日裏山の大きな標識が見えてきた。時刻は7時28分、一瞬、目を疑った。日裏山の通過予定時刻は8時20分、予定より50分も早かったからだ。ペースが速すぎたのかとも思ったが、無理なスピードでもなかったので、このペースを維持することにした。

高崎横手分岐を過ぎると、左手が切れ落ちた崖になっている狭い登山道が続く。ところどころ崩れ落ちたり、倒木が道をふさいだりする場所もある。滑落しないように注意しながら下りていく。すると突然、目の前が開け、ブナの林が広がっていた。ナメリ坂のあたりまで下りてきたようだった。時刻は8時50分なので、予定よりちょうど1時間早い計算になる。

左手には、弥山と坪内・川合の方向を矢印で示した、見慣れた黄色い標識が立っていた。坪内・川合の方向は、ブナ林のなかを指していた。

昨日ここを通ったはずだが、靄がかかってまわりがよく見えなかったためか、まったく見覚えがなかった。昨日道に迷ったところとも景色が違っており、別の場所のように思えた。

ざっと見渡した限り、木にぶら下がった赤いリボンも見当たらなかった。看板の方角を信じブナ林のなかに足を進めた。道らしい感じはなかったが、歩きづらいこともなく、しばらく歩いていくと突然急な下り斜面が現われた。

少し下りてまわりを見渡しても、道らしいものはなかった。これは方向が違うなと思い、赤いリボンの目印を探して右に行ったり左に行ったりしたが、結局見つけられず、諦めて黄色い看板のところまで戻ることにした。ところがなぜか戻れなくなってしまった。たぶん10～15分程度しか経っていないから、そんなに離れてはいないはずなのに、まったくわからなくなってしまったのだ。

電波は圏外だったが登山用の地図アプリは機能するはずと思い、スマホを取り出し現在地を調べようとしたが、使えなかった。あとで知ったのだが、地図アプリは事前に地図をダウンロードしておかなければ役に立たないとのことだった。

まったく抜けている。これでは宝の持ち腐れである。

これですっかり慌ててしまった。さっきは予定より1時間早いから多少時間をロスしても大丈夫だと余裕すらあったのに一転、窮地に陥ってしまった。

さて、これからどうすべきかを考えた。

今日は大雨なので、登山者が登ってくる可能性は低い。小屋に泊まった私を除く8人のうち1人は先に下りていった。ほかの登山者が今日中にこのルートを下りるのかどうかは聞いていないし、期待もできない。ほかの登山者が下りてくるのを待つわけにもいかないし、飛行機も予約しているから、なんとしてでも午前中に下山したい。

そう考え、登山地図と腕時計のコンパスを頼りに、ルートを探しながら下りていこうと決断した。

ここがナメリ坂付近であるならば、登山道は標高1300メートルの栃尾辻に向かってほぼ北西方向に延びているはずである。したがって、ここから栃尾辻を目指し、100メートル程度下りながら北西方向に進んでいくことにした。

腕時計にコンパスの画面を映し出し、北西方向を見定め歩き出した。地形はかなり起伏が激しかったが、前に進めるところはできるだけ方角を重視し、北西方向へ進んでいった。崖に出くわして進めなくなったときは、少し方角を変えて前へ進んだ。たとえば西に進んだら、しばらくして北に方角を修正し、なるべく北西方向を維持しながら前へ進んでいった。高度もときどき確認しながら、少しずつ下りていく。

正確な時間はわからないが、かれこれ1時間は歩いただろうか。いつの間にか雨は上がっていた。

のちに遭難した経緯を書き留めた測量野帳には、このときのことを次のように記している(遭難して救助を待っている間、なにを考えてどう行動したかなどについて記録した。それがいつの間にか日記のようになっていた)。

「ナメリ坂(?)附近で行先を失う。
赤いリボンが見当たらない。
黄色の看板だけがある。
ブナの原生林か、矢印はそちらを向いている。わずか登り坂、歩き易い、上に着くと急激な下り坂、すこし降りる、む(?)これは道を間違えたか、その先はさらに急ながけ、

これではない、右に移動、ごつごつとした岩だらけの沢がある。見渡す限り道ぽいものがない、リボンもない、下まで降り過ぎた戻ろう、高台まできた。黄色い看板が無い!! どこだ黄色い看板。もっと下だ、もっと右だ、ない!! 道に迷った、どうする、人が来るのか 上に9人居たが、一人は川合へ先行出発その他は不明。今日は雨、下から来る人はほとんどいないだろう! どうする。このままだとここで一日を過ごすのか、何としても午前中に下りたい。それにしても電波がとどかない。どこもつながらない、これじゃスマホで位置を確認できない やはりGPSが必要だ! なんとか地図をたよりに前へ進もう
かなりけわしい がけだらけだ、きびしい
やはり無謀だったか、それでも少しずつ前に進もう またがけだ! ルートを変えようどこか通れるところはないか、こっちを行ってみよう どこもがけだらけだ 下手をすると死ぬぞ 前に進めない、こっちはどうか? やっぱりがけか」(測量野帳に記した原文のまま。以下同)

目の前にまた崖が現われた。どの程度の高さなのか、下りられるかどうかを確認するために、右足を少し前に出して下を覗き込んだ。

その瞬間、突然右足の足元が崩れた。

「あっ!」

思わず発した声とともに私の体は垂直に落下した。

遭難の経緯と心情を測量野帳に書き連ねた

落下地点を見ながら落ちていき、地面に着地したあとだった。石や岩だらけの急なガレ場を、頭を上にして仰向けで滑り落ちていた。

突然、ガレ場から突き出た枯れ木と数本の枝が目に飛び込み、その枝の下をくぐろうとしていた。その枯れ木を掴もうとしたが失敗し、その代わり枯れ枝が左のこめかみのあたりを深くえぐるのを感じた。

このままでは止まれないと思い、体を反転させて、木や岩をやみくもに掴んでいたらスピードが落ち、傾斜が緩くなったところでなんとか止まった。

そうして止まった安堵感と、こめかみからドクドクと流れる血を感じながら、いつの間にか気を失った。

「ずいぶん深いな　切り立っている。まっ逆さまだな

あ！　足もとが崩れた、かつ落だ!!　とに角、岩や木につかまろう、スピードを殺さないと下まで　下まで落ちる！　つかんだ木が折れる　もっと強いのはないか　これもだめだ　あと岩だ　スピードが落ちた　止まった!!（気絶！）」

何時間気絶していたのかわからないが、気がつくと顔を右側に向け、両手は軽く万歳をした状態で横たわっていた。眼鏡はかけていたが、レンズが石や岩でこすれたのだろう、傷だらけで前がほとんど見えなくなっていた。

時刻を確認しようと左腕を目の前に持ってくると、時計はなかった。

次に体を動かそうとしたが、体中が痛くて動かせない。とくに息をするのが辛く、肋骨が折れているなと感じた。それから少し腰を浮かせて立ち上がろうとしたが、腰をしたたかに打ったらしく激痛が走った。元々の腰痛を悪化させてしまったなと、このときは思った。

頭を触ると被っていた帽子がなく、あたりを見渡したが見つからなかった。頭頂部の左側が痛く、そこを触ると腫れてプヨプヨしており、内出血しているのがわかった。着地したときに頭の左側を打ったのかもしれない。

左こめかみからの出血は、ほとんど止まっていた。首に巻いていたタオルが真っ赤に染まっていたので、首から外した。傷口を触りながら5、6針は縫うのかなと思った。

「これからどうする、どうするもここで助けを待つしかない

今日は9日、登山届を出した「コンパス」から、たしか予定の下山時間にメールするとなっていた。返信が無ければその一時間後に出すとも、返信がなければどうするんだろう？　警察に連絡してくれるのか？」

それにしても大きなケガにならなくてよかった。これも幸運のひとつだった。

たぶん、落下した地点が急傾斜だったので、落下の衝撃の何割かを逃がすことができたのだろう。このときはそう考えた。

しばらくして、右手2メートルほど離れたところに黒い塊を見つけた。

なんだろうと目をこらすと、自分の時計らしかった。右手と体を時計のほうに伸ばし、やっとの思いで掴み取って時刻を見ると、午後12時49分だった。川合発下市口駅行きのバスは、すでに出発したあとだった。

「目をこらすと右手2メートルのところに時計発見　やった時刻が分かる　携帯やスマホは電池が既に切れている　スマホは分かるが携帯まで　普段なら一週間は持つのに！　圏外になると急激に電池が減るのか？　頑張ってなんとか手を伸ばす　もう少し、あともうちょっと、体がきしむ　痛い　なんとか届いた　時計を見る　1249分　まだ昼だ　しかしバスは行ってしまった（川合発下市口駅行1239）ここで一夜を過ごすしかないとにかく体が痛い」

しばらくすると、喉が渇いてきた。まずは背負っていたザックを下ろし、1リットルのペットボトルを取り出して水を飲み、一息ついた。それまで一度も水を飲んでいなかった。

痛みのせいか、お腹もまったく空かなかった。これで腹の贅肉を落とせるなと、不謹慎なことを考えた。結局、最後までお腹が空くことはなかった。

とにかく体が痛くて何もすることができず、じっと我慢するしかなかった。

そうして夜が過ぎていった。

10月10日（月）――遭難2日目

今いるガレ場は急な斜面で、30度程度の傾斜がありそうだった。スキーのジャンプ台のアプローチはたしか最大35度と聞いたことがあり、この斜面を見ていると実家の近くにある大倉山のジャンプ台を思い出した。

最初は体中が痛くて気がつかなかったが、石や岩などが体の同じ場所に当たっていると、だんだんと痛みが強くなってきた。そこで右を向いたり左を向いたり無意識に体を動かすのだが、そうすると体がずるずる落ちていく。そのたびに体をずり上げた。

後日、下を覗き込んだら、すぐ下は数百メートル切れ落ちた崖だった。川が流れているのだろうか、時折水が流れる音が聞こえた。

「オレはいったいどこに居るんだ！　下を見るとやっぱり切り立った崖だ　よくここで止まったな　このまま下まで落ちていたら命はなかったかもしれん　まずはここで数日明かすための準備が必要だ　何をすればいい？　あたり一面、石、岩、倒木　ここで体を真横にできるか？　無理だ　ただでさえ痛いのに少し整地しよう　だめだ　石を持ち上げようとすると　体中が痛い　足は？　足は何とか

動く　ならば足だけでなんとかしよう　今の場所は岩だらけでだめだ　しかも下は直ぐ絶壁だ　気持ち悪い　もう少し上へ行こう　なんとなく今よりも岩が少なく土っぽい、平らそうなところを発見。そこへ移動しよう　苦しい　体がきしむ　数歩動くだけで息切れがする　何分かかったのか　やっと目的地へ到着　しかし思ったよりも平らじゃない　やっぱりどこもだめか」

　なんとか居心地のよい場所に移動しようとあがいている間に、水を飲み切ってしまった。

　これから水をどうしようかと思案していると、どこからか水が流れる音がしてきた。まわりをよく見ると、そこが沢地形であることがわかった。

「水はあるのか？　所持していた水は全て飲んだ　そういえば、ここは沢か？　確かに水が流れている　5〜6メートル右手には湧水が流れている　まずはあそこで水を補給しよう　1ℓペットボトル2本を持って移動　やっぱり苦しい　四つんばいでしか歩けない　やっと到着　岩の間から湧き出す水をボトルの口にあてがう　気持ち良くたまっていく　多少かれ葉や木のこっぱが入っても気にしない　たまった　また戻るのか!!　これからの居場所はここにしよう　そうすれば水を気にすることなくいくらでも飲める　今は水だけがたよりだ！　また戻ってザックを持ってこ

なければいけない。つらい、つらいけどやるしかない。やっぱり重い！　四つんばいになりながら、ザックを少しずつ右手でひっぱる」

わずか5、6メートルの距離に何分かかったろうか、一歩ずつゆっくりと移動した。

ここは湧水のそばというだけでなく、今までのところと違って土があり、傾斜も少し緩やかに感じたので、救助されるまでの居場所に決めた。

この湧水があったことが、自分の生死を分けたのだと考えている。

仮に川の水や溜まり水であったなら、腹を壊す可能性もあったわけで、高熱を出し体力が奪われ、動けなくなっていたかもしれない。

それを考えると、きれいな湧水を飲めたことが最大の幸運であったと心から思うのである。

私は決して信心深い人間ではない。だが、このときだけは「お前はもう少し生きてもよい、いや生きろ」と、神様から許可を与えてもらったように思えた。もしかすると、「生きろ」というのは自分の気持ちだったかもしれない。子供がまだ自立していないのに私が死ぬわけにはいかないからだ。

だからその後、死ぬことはあまり考えなかった。それは、なんといっても日本の警察が優秀だからだ。必ず私を見つけてくれるという、根拠はないが確信みたいなものがあった。だから慌てることもほとんどなかったのだと思う。

この日は、どのように捜索が行なわれるのかを、勝手に想像した。それは、登山ルートを中心に一辺1キロのメッシュを切って、毎日ひとつずつ順番に捜索してつぶしていくという方法だった。だから私がルートから大きく逸脱していなければ（逸脱していないとは思っていたが）、今日明日ではないかもしれないが、いずれは自分がいるメッシュの捜索日がやってくる。この場所は木が少なく空から容易に私の姿を発見できるはずだから、それまでじっと待っていればよいと考えた。

10月11日（火）——遭難3日目

朝、目を覚ますと晴れていたが、肌寒く感じられた。谷間にいるとなかなか太陽が顔を出してくれない。午前10時を過ぎたころにやっと顔を出してくれる。そして沈むのも早く、午後4時を過ぎると隠れてしまう。太陽が出ると暖かくなるので、晴れてくれるように願ったが、風が吹くと肌寒かった。

今日は3連休明けの平日である。職場が気になった。たぶん、自分が出勤しないことで大騒ぎになっているだろうと思った。現在進行中の案件も心配だった。ただ、数日後には救助されるのだから充分取り戻せると考えていた。

滑落から2日が経ち、わずかだが傷が癒えてきたように感じた。それとともに少しは物事を冷静に考えられるようになってきた。

何もすることがなく、ただじっとしていると、脳裏に浮かんでくることがあった。それは、ここできちんと反省し対応策を考えなければ次の登山はない、ということであった。

「なぜ、このようなことになったのか落ち着いて考えよう。

あの分かれ目。なぜルートを間違ったのか、なぜあそこで強行したのだろう。あの時、間違いなくあせりがあった。帰り時刻が決まっている中で何とかしてたどり着こうとするあせりがあの誤った判断をさせたんじゃないか。

やはり、いざというときに避難行動が取れるように常にBプランを作る必要がある。

あの場合、やはりかなり勇気は必要だっただろうが、弥山小屋まで戻る案である。

まわりに登山者もいなく聞く人もいない。しかも電波が届かない。頼れるものがないのなら、頼れる人が居る所に戻るしかない。そうすればやりようがあった。

まず、現地の写真を何枚か撮る。その写真を山小屋の人に見せれば、当然分かっただろう。そして電話もあったのだから、飛行機の変更もできた。これが最良のBプランだったのではないか。そうすれば1日遅れにはなったが無事帰宅できたはずだ。

それから緊急時のための所持品として、発炎筒はあったほうがよい。捜索が始まった時、ヘリへ合図を送るのには最適である。発炎筒がなくともライターかマッチがあると良い。

今もまわりにかれ葉がある。かれ葉を集めて燃やせばのろしになる。ライターやマッチなら全く負担にならない、絶対必需品だ。煙草を吸っていた10年前だったなら持っていたのにと少し悔しい気持ちになった。

遭難したときの備えを全くしていなかった。これは過信のなにものでもない。今まで何のトラブルもなくきたから、非常時に対してすっかり鈍感になってしまっていた。

単独登山の時は、あらゆることを想定して準備しなければならない。それで多少重たくなっても仕方がない。

それからシュラフの下に引くマット、あれがあったならどんなに楽だったろうか。おしりや背中、足の痛みから解放されたはずだ。

あれも全く重くない、負担にならないはずだ」

仮に道がわからなくなって探そうとした場合、木に結びつけたロープを持って歩けば必ず元のところに戻れたはずだ。しかし、ロープはかなりの重量になるので、代わりに数十本リボンを用意し、ところどころの木に結び付けながら探せば充分に役に立ったはずである。

そんなことを考えていた。これが正しい答えなのかわからないが、豊富な経験をもつ先輩たちと議論してみたいと思った。

夜はめっきり冷えてきたので、防寒対策として、まず折り畳み傘を使うことにした。地面すれすれに傘をさし、その下に潜り込むとかなりの風避けになり、また保温効果もあった。

10月12日（水）――――遭難4日目

天気は快晴だったが、だんだんと気温が下がってきたので、持っていたジャージを着ることにした。

トイレは、朝1回と昼間1回。あるいは朝だけのこともあった。最初は立って歩けないので、座ったまま下に1・5メートルほど移動して用を足した。出たのは小便だけで、なにも食べていないからだろう、大便はもよおすこともなかった。

水分の摂取量が少ないのか、小便は日に日に濃くなっていった。腎臓に負担が掛かりすぎているのだろうと思い、できるだけ水を飲むように心掛けたが、改善しなかった。朝起きると口の渇きを覚え、200～300ミリリットル程度飲んだが、その後はあまり水を飲みたいという気持ちになれなかった。意識して昼と夜に飲むようにしたが、1日1リットルが精いっぱいだった。

「昨日からヘリコプターの音が聞こえる、近づいたり、遠のいたり、たぶんメッシュを切って、一つずつつぶしているだろう、そのうち私のエリアにも来る。その時、どう対応しよう。今、片手に持っている傘とヘッドランプだ！　ランプの明かりが効果があるのか分か

らないが、ないよりましだ。この二つをヘリに思いっきり振ろう。本当は立ったほうが良いだろう。立てるか？ いや、なんとしても立たなければ目立たない。後ろにひっくり返らないように注意しながら慎重にやろう。

午後、どうもこの近くを飛んでいるようだ、音が大きい 1430頃、にわかに音がおおきくなった。このあたりだ どこだ、どこを飛んでる！ いた、直ぐ目の前だ。立て、立て、そして思い切って振れ「お〜い、お〜い…」気が付け、ん、気が付いた、こっちを見てる。やった、これで助かった、長いようで短い3日間だった。

やっぱりプロはすごい、すぐ見つけてくれた、ありがとう ん？ 離れていく、どこにいくんだ？ 谷の方に下りていく、ここまでのアプローチが難しいのか？ 上から下りられないのか？ まわりを何度も旋回している。どうしたんだろう、おかしい。ヘリでの救出をあきらめるのだろうか。今日は無理ということか、かれこれ2時間やっているもう16時30分だ とうとう帰っていった。あ〜残念、また明日だ。それでも私が生きていることだけは確認できた。家族も職場もほっとしているだろう、とりあえず良かった

明日はどうするんだろうか、ヘリでの接近が出来ないのなら、歩いてくる、どこから、谷から、それはきつい、傾斜も急すぎる、上からしかない。上からロープを張って、下りてくるしかないはず、私の現在地が定かでは

ないが、林道のそばにヘリポートがある。ここからなら、2時間程度でここまで来れるのではないか？　ロープで下りて数名で私を上へはこび出す。それしかないのでは？　これから帰って作戦会議が開かれるのだろう。どのような救出になるのか楽しみだ、明日は何時から始まるのか？」

あの出来事、いや映像といったほうが正しいのかもしれないが、あれから5年以上が経ち、冷静になって考えられるようになった今だからこそ、あれはまさに幻覚であったのだろうと思えるようになった。

数年間、あれは現実の出来事だったのだと信じ切っていた。それほどはっきりとした映像だった。ただ、このことを人に話したら、関係者に迷惑が掛かると思い、救助されて間もなく警察の聴取を受けたときに話をしただけで、それ以外は誰にも言わなかった。

それにしても私はどのような状態で幻覚を見たのだろうか、起きていたのか、それとも眠っていたのか。いずれにしても、せっかく発見してくれたのに救助に来てもらえない（と、思い込んでいた）苛立ちが、翌日からの日記に綴られるようになる。

土があるとはいえ、ここも石がゴロゴロしており、長い時間、体を横たえていると痛くなり、だんだんとストレスになってきた。そこで体に当たる石を少しずつ撤去し、居心地をよくしようと考えた。

最初は浮いている小さな石だけを撤去したが、埋まっている大きな石も撤去しないとゴツゴツ感はなくならなかった。まだ自由に体を動かせる状態ではなかったが、なんとか四つん這いになり、幸い近くにあった太い枝をつるはし代わりにして石を掘り出し、体に当たる範囲の石をひと通り撤去した。

このころ、自分はどこにいるのだろうと考えるようになっていた。

腕時計の高度計は機能していたが、コンパスは壊れて78度を指したまま動かなくなっていた。正確な方位がわからなかったので、太陽の方角から方位を推測しようとした。正午の太陽の方角はほぼ真南を指しているだろうと考え、道に迷っていた時間、歩いていた方向、滑落場所の方向、今いる場所の地形などを判断材料として、5万分の1の地形図上で、このへんじゃないかと思われる現在地の当たりをつけた。

仮にこれが正しいとすれば、いちばん近い登山道は南南東方向にあり（注：太陽の位置から方向を判断した。実際の登山道の方向は北東だったと思われる）、標高は1450メートルであることがわかった。現在地の標高は1150メートル。およそ300メートル上に登山道があることになる。そのときは漠然とそう思っただけで、ケガをしている以上、ここでじっと救助を待つしかないと考えた。

暗くなり夜空を見上げると、空いっぱいに星がきらめいていた。

「こんなきれいな星空を見るのは何年ぶりだろう」

ふとそうつぶやいた。

喧騒のなかに身を置く日常生活から離れ、風に揺れる葉の音しか聞こえない静寂下で、星だけが瞬く夜空を眺めながら、なんと自分は贅沢な空間にいるのだろうと、自分が置かれている状況をしばし忘れて感動した。

10月13日（木）――――遭難5日目

この日はヘリの音はまったく聞こえず、当然、救助隊も姿を見せず、どうしたのか不安でいっぱいだった。

「今日の捜索は何時から始まるのか　8時、9時、10時、いっこうに始まる気配がない

午後、やっぱりない、ヘリの音がまったくしない。そうか、陸上救出に変えたからだ。今、数名の隊員がこちらに向かっているのだろう。大変なことだ、ご苦労様、何名か、4、5人はいるのじゃないか！　まだ来ない、いつだ、いつになったら彼らは来るのだ！　結局、何の動きもなかった。どういうことだ！　なぜ、今日、何の動きがないんだ！　かいもくけんとうもつかない。全く分からない、頭を妄想ばかりがうずまく。いやいや、それなりの準備が必要なんだろう。だから遅れているんだ。良いようにかいしゃくするんだ、そうしないとやってられない。今夜も寒くなりそうだ（気

持ちのなえも手伝って…）」

仰向けに寝ると腰が痛かったので、右か左を向いて腰を曲げた形でしか眠れず、頻繁に寝返りを打っていた。そうすると、ここもガレ場と同じく傾斜が急なため、寝返りを打つたびにずるずるとずり落ちてしまう。そのたびに這い上がっていた。

そこで土を掘って窪みを作り、そこに体を横たえたらずり落ちることもなくなり、安定するのではないかと考えた。しかし、やってみるとかなり重労働だった。掘れば掘るほど大きな石がゴロゴロ出てくる。これをひとつひとつ除去しなければならなかった。ひとつ掘り出しては崖下に放り投げる、この繰り返しだ。

ケガをしていなければ、なんということもない作業なのだろうが、四つん這いの姿勢を取ると腰の痛みが増し、長時間連続で作業できないため、休み休み少しずつ続けた。2、3時間は続けただろうか、それでも20～30センチ程度しか掘れなかった。また、掘ったところからは水が滲み出てきて、直接座ると濡れて体を冷やしてしまう。そこでまわりから枯れ葉を集めて窪みに敷き詰め、その上に衣類用の圧縮袋を3枚敷いて寝ることにした。

作業をしていると救助のことを一時的に忘れることができ、気が紛れるので明日以降も続けようと思った。

10月14日（金）――遭難6日目

この日もヘリの音はまったく聞こえず、苛立っていた。

「今日もあいかわらず何の動きもない　どうしたのか？　12日私を見て元気だから一人で帰かんできるとでも思ったのか？　向こうからどの程度確認したのか、とうぜん、望遠鏡で確認しているはず、ならば、帽子は血で汚れ、顔の左半分ははれ上がり、黒ずみ、お岩さんのようになっていることは見てとれるはずだ、にもかかわらず、私を放置するとはどういうことだ、何か意味があるのか、誰かからの指示か？　ということは私が生存していることは、まだ誰も知らないのか？　なぜ？なにがなんだかさっぱり分からない。今日も意味もなく過ぎていく」

防寒対策として持って来た衣類をすべて重ね着することにした。今着ているのは、パンツ、短パン、Tシャツ、ジャージ、雨具だけ。さらにインナー、Tシャツ2枚、長袖シャツ1枚、登山用長ズボン、靴下2足を着用した。

そしてザックの中を見て、荷物が濡れないようにと入れていた大きな透明のビニール袋を頭から被ることを思いついた。大きな袋なので、被ると腰のあたりまで覆うことができ、意外と保温効果があった。自分の息がビニール袋に当たり、その周囲があっという間に白く曇り、やがて水滴になって流れ落ちた。ビニール袋を被ると傘を持てないので、やむを得ず手を出す小さな穴を開けて持つこととした。

昨日に引き続き今日も土掘りを行なった。相変わらず緩慢な動きしかできなかったが、どうせ時間はたっぷりあるのだから、ゆっくりやることにした。今日も3時間ほど作業した。やっぱり20～30センチ程度しか掘れない。腰はきつかったが、まったく動かないと体が硬直し、ますます動けなくなると思い、できるだけ体を動かすよう心掛けた。

昨日敷いた枯れ葉は濡れてしまって使い物にならず、新しい枯れ葉を集めなければならなかった。周囲1、2メートルの枯れ葉は昨日使ってしまっていた。四つん這いになって3、4メートル離れたところまで取りにいった。

かなり掘ったつもりでいたが、横になってみると体を安定させるほどではなく、寝返りを打ったりするとまた滑り落ちてしまう。

ほかにやることもないので、明日も引き続きやることにした。

実は昨晩、夜寝ているとき、持っていた折り畳み傘を誤って斜面下に落としてしまった。こんなことにならないようにと、柄の端についた輪を手首に通していたのに、寝ている間に手首から外れてしまった。明るくなってから下を覗き込んで捜すと、10メートル下の木に引っ掛かっていた。

この体ではとても取りにいけないと考えたが、傘があるとないとでは保温効果に雲泥の差があるため、意を決した。立っては下りられず、座った状態で少しずつずって下りていった。なんとか傘を回収したが、1時間はかかっただろうか。今後こんなことがないように、翌日からは持ち手の輪をストックのストラップに結び付けて、ストックを抱きかかえて寝ることにした。

10月15日（土）———遭難7日目

今日も土掘りを行なったが、つるはしの代わりに使っている枯れ木が、石に当たると欠けたり折れたりしてしまう。そのたびに新しい枯れ木に交換しなければならず、なかなかはかどらなかった。

「ゆうべも寒かった。でも厚着した分助かった。さすがに寒くて眠れない　こんな状態があと何日続くのか？　家族は困惑しているだろう。家族のためにもこの理由を明らかにする必要がある。今日もほとんどヘリが近づく気配なし」

持ってきた衣類を重ね着したおかげで温かくなったが、気温はさらに下がったようで、なかなか眠れなかった。

そこで、救助されたあとに、家族と楽しめることをしようと考えた。

今、自動車を持っていないので、まずは車を買ってロードバイクの大会に参加しよう。ロードバイクを運べるように車を改造し、どうせなら車中泊もできるようにベッドと調理器具も備えればベストである。ロードバイクの大会は朝が早いので、前日に乗りつけて車中泊することも可能だし、そもそも大きな大会では宿が取りづらいため、一石二鳥か三鳥になる。バイクを3台積める大きな車にすれば、家族で山に行って、キャンプをしながらバイクを楽しむことも可能になる。

そんなことを想像しながら、具体的にどう改造するか、どんな装備が必要かなどを考えていたら、だんだん楽しくなり、時間を忘れて夢中になって絵を描いていた。

これで3日ほど時間をつぶすことができたのだった。

それからキャンプで作る料理のメニューも考えた。手間のかからない簡単なものがいい。使う食材がわからないメニューも出てきたので、救助されたあと、家内に教えてもらおうと思った。

10月16日（日）　遭難8日目

「ここに来てから一週間が経った。少しヘリの音がする。近くをせん回している。時々上空を飛んでいるようだ。何をたくらんでいるやつらは！　本当に救助する気があるのかやつらは　救助しないことがある？　そんなことゆるされるのか？　今ヘリを飛ばしているのは何のためだ、単なるアリバイ作り？　なんで！　なんでこんな手のこんだことをしなければならないのか、目的は何だ…？　14時、とうとうヘリの音がしなくなった。今日の捜索は終了か？　もう私の体力も精神力も限界だ、寒さもかなり増している　夜中は本当につらい　もう気が狂いそうだ。何が何だかさっぱり分からない、この事実を公にしなければならない　そうでもしないと気が済まない。ここで私が死んでしまったらすべてがやみにほうむられる。だから絶対に生きて戻らなければならないんだ！　やつらは、その後も2、3度上空を飛んでいる。おれがここに居ることを知った上でだ。おもちゃにしている。絶対許せない。理由が全く分からない。もう15時だ。やつらは何をまっているんだろう、もしかしておれの死か！　おれが死ぬのを待っているのか、何のために、目的は？　これはどう考えても人間のやることじゃない。これに終わりがあるのか、終わりがあるとすればいつ？　おれの死、それともやつらに一定の期限があるのか？　一週間、十日、二週間…」

今日はヘリの音が大きく聞こえた。近くを旋回しているようだった。音がする方向から12日と同じところを飛んでいるように感じた。もしかすると、考えられるところすべてを捜索したが見つからなかったので、再度同じところを一から捜索し直しているのかもしれないと思った。

「しまった、腰がすっかりだめになっている　立てない　四つんばいしかできない　今いるところがすっかり湿ってしまったので、座っているビニールの下にかれ葉を少し敷こう　たかだかこれだけのかれ葉を敷くのに何分かかっているのだ。元の体に戻れるのだろうか　もう15時だ。太陽の日差しが心地よい　でも　もうあとわずか、あとはまた寒い長い時間が待っている」

寒さで筋肉が硬直し、とくに腰がきつくなってきた。

土掘りは思ったほど深くはできず、そろそろ限界を感じていた。水は相変わらず染み出てきており、枯れ葉が濡れるとその上に敷いたビニール袋を通して体を冷やしてしまうため、毎日取り替えなければならなかった。

もう近くに枯れ葉はなく、7、8メートル離れたところまで行かないと集まらなくなってしまった。最初は四つん這いになってゆっくりと移動した。枯れ葉はビニール袋に入れて運んだが、一度にたくさんは持てず、覚悟を決めて立って移動することにした。まずはストレッチをして、曲がった腰を少しずつ伸ばしていった。何とか真っすぐ立てるようになったが、まだふらつく。万が一にでも前につんのめって斜面を転がり落ちることがないように、ストックで体を支えながらゆっくりと歩いた。

窪みに体を横たえ足をブラブラさせていると、どうしても体が安定せず滑り落ちてしまう。足を置く台を設置すれば体が安定するのではと考えた。そこで足を置くための大きめの石を探してくることにした。ガレ場まで行き、平たい大きめの石を4個運んで、窪みの下に積み上げた。そこに足を置くとたしかに体が安定し、満足できた。

夜中の2、3時を過ぎたころから急激に気温が下がる。この日から夜中の寒さが耐えがたくなり、服の上から乾布摩擦をすることにした。両腕、次に両脚。交互にしばらく続けていると、少しずつ温かくなってくる。しかし手を休めると途端にまた寒くなるので、止めるわけにはいかない。最も寒くなるのは朝6時ごろで、太陽が昇る10時前まで続けた。朝まで続けているとさすがにグッタリしてくる。太陽が昇って少し暖かくなると、ホッとして少しの間、居眠りをする。

以後、この生活パターンが続くことになった。

10月17日(月)——遭難9日目

昨日の夜10時を回ったころから、この日の朝9時ごろまで雨が降った。

「夕べから強い風が吹き、周囲では落石が頻

繁に発生した。こわい！　石が頭に当たったらいっかんの終わり。場所を移動しておいて良かった。最初にいた所で落石が発生している。今は岩が垂直に切り立った下、土が適度にあり、整地しやすいところだ。ここだとそれほど落石の危険性は低いだろう、とはいえ全くないとはいえない。傘で頭を隠そう、どこまで効果があるのか分からないが…あ！　雨だ。本降りだ、といっても何もすることはない。ひたすら、耐えることだけだ。おしりがぬれてくる。おしりのあたりは滑落時に相当裂けている。これでは合羽の役割をなしていない。今は多少ぬれてもがまん　いつまで降るのか　ほかのところも雨がしめってきている。合羽も万能ではない。つらい　早く止んでほしいな。結局、10時ごろまで降り続いた。今日こそ迎えに来てほしい。こんなこと、やってられない。やつらはこれから活動開始か？　いい気なもんだ、私のことをどう思っているのだろう？　迎えにきたら聞いてやろう。午前中はヘリの音ほとんどなし。活動は午後か？　飛んでいる気配はあるが、こちらに来る気配は全くなし　え〜今日もダメか？　雨にも当たり、こんなにドロドロ状態なのに！　もうこれ以上サバイバルは続けられないよ！　10時に明るく青空が見えてきたと思ったのに12時にはくもり始めた。まずい、手袋もビニールも衣類もほとんどかわかないぞ！　これでまた一夜明かさないといけないのか？　地ごくだ！　まず、すわるところを確保しよう。昨日の雨ですっかりドロドロになってしまった。また、かれ葉を集めよう。これを敷いて水分を吸収させよう。この上にビニール袋を敷く、とりあえず完成、かなり雲が深い　雨が降らないことを祈るだけだ」

雨に降られると、いつも以上に心が萎えてくる。

せっかく掘った窪みも土砂で一部が埋まり、積み上げた石も崩れてしまった。また一からやり直さなければならない。まずは土砂を掻き出し取り除く。それから枯れ葉を集めて敷く。濡れた土砂の水気を吸い取るため、いつもより多く集めてこなければならない。

最後に足台だ。今度は雨が降っても崩れないように、石の下に4、5箇所、枯れ枝を打ち込む。枝を打ち込んだあと、念のため石の上に立ってみると安定していた。その上に石を三段に積み上げ完成させた。

夜は一段と寒くなってきた。とくに上半身より下半身が寒い。長ズボンと雨具しかはいていないのだから当然といえば当然だ。タオルがあるのを思い出し、乾いたタオル2枚とパンツ2枚を脚に巻いた。脚は空のザックの中に入れて温めた。

せっかく登山靴で足が温まっているのに、靴を脱ぐと冷たくなってしまわないか躊躇したが、それ以上に足が冷えて我慢ができなかった。おかげでだいぶん足は温かくなったが、今度は爪先が冷たくなってきた。効果があるかどうかわからなかったが、余っていたゴミ袋を両足に履かせて巻きつけた。
思いついたことは何でもやってみた。
その日は乾布摩擦する手にも一段と力が入った。

10月18日（火）――遭難10日目

「とうとう捜索開始から一週間、やつらは何を考えているんだろう、なかなか発見できずいらだっているのか？　もう一度、一から洗い直しか？　しかし、12日の情報はどういう風に取り扱われているんだろう。発見したことは全く残されていないのか？　しかも3名の目で確認しているのに。

体勢のイメージ

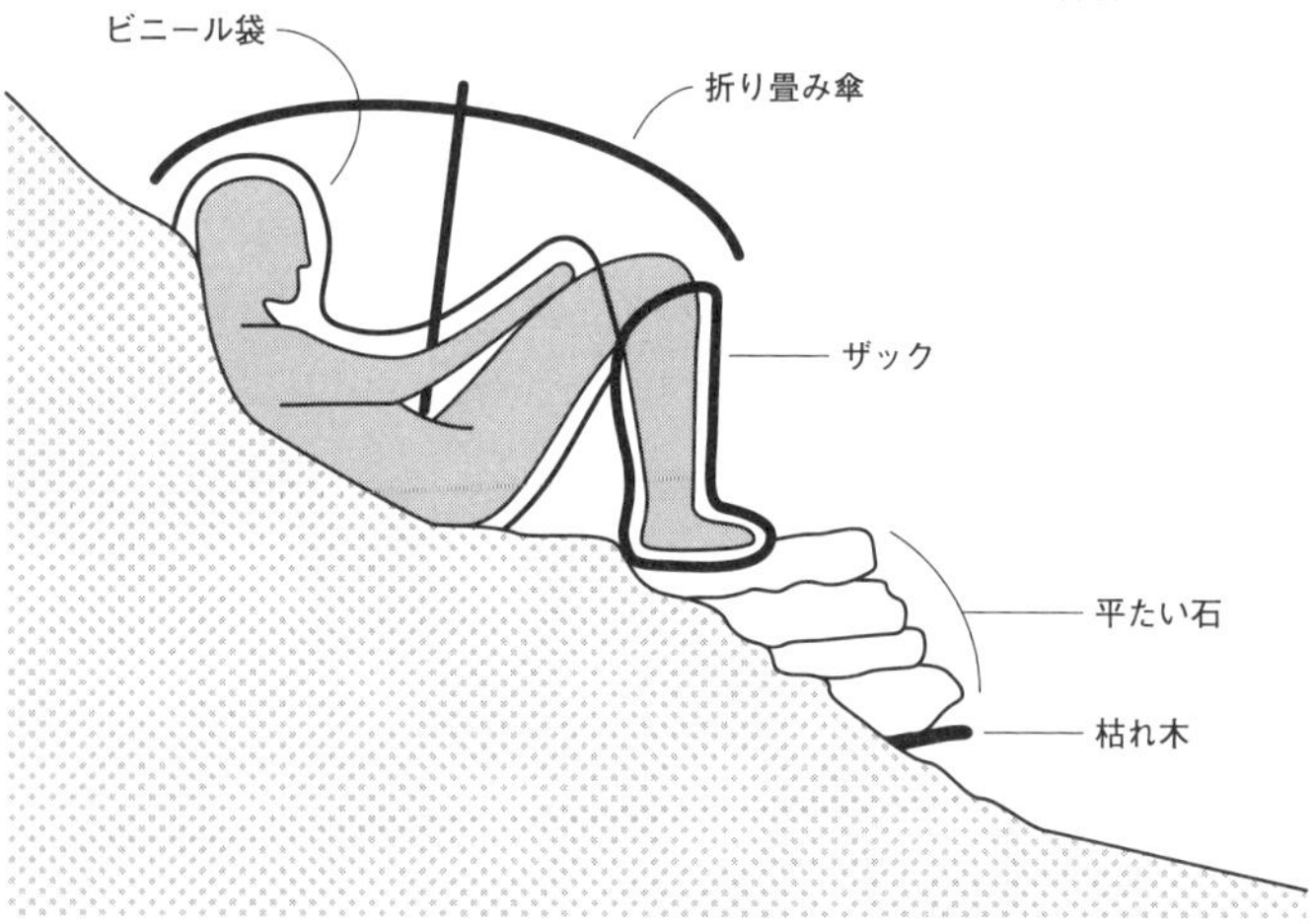

昨晩から無駄と想いながらも毎正時にさけぶことにした。「お～い、だれか～、たすけてくれ～」「お～い、はやくたすけろ～、いつまでまたすんだ～」さけぶだけむなしい。でもそうすることしか自分の気持ちをぶつけるところがない。まもなく11時、ヘリポートあたり？で音は聞こえるが、まだ動く気配なし、家族や職場の同僚はどう想っているのだろう、すでにあきらめているのか？　考えるだけでつらい！　12時を過ぎた何の動きなし14時過ぎごろから晴れてきた。周辺でヘリが活発に動き始めた。良いちょうこうだ。こっちの谷側に来てくれ、たのむ！　声の続く限りさけぼう「お～い、だれか～、たすけてくれ～」16時を回った。日が陰ってきた。寒くなってきた。昨日は日中も日が当たらないと肌寒い。もう、こちらへは来ないか？」

ありったけの声を張り上げて叫ぶと、谷間にこだまして響いた。

また長く寒い夜が始まった。この日も夜中から雨が降り出した。

先日、おしりを濡らしてしまったことを反省し、1枚のビニール袋でおしりを覆い、袋の端の部分を雨具のズボンの履き口部分に挟み込んで落ちないようにして座った。

3、4時間と短い時間だったことと、さほど強い雨でなかったことも幸いし、おしりを濡らさずにすんだ。作り直した足台もびくともしなかった。

10月19日（水）――― 遭難11日目

「昨日は本当に寒かった。今までで一番だ、あっちこっちの関節がぎいぎい鳴っている。特に腰は痛いなんてもんじゃない、もうジゴクだ。ちゃんと治るのか？　つらい、もう限界だ、あい変わらず、胸、腹、脇腹が痛い。肋骨にヒビが入っているのか？

　なかなか痛みがひかない。この一週間でここまでダメージが体中をおそうとは予想だにしなかった。そういっている間から腰に激痛がはしる。どのような体勢でいれば痛みが和らぐのか分からない。今日、迎えに来てくれなければ私はこの痛みにおそわれて私は死にそうだ、早く助けに来てくれ　お願いだ。7時10分、さ、今日が最後の勝負だ！

　まずはヘリよ飛んでくれ!!

　14時20分、ヘリはこちらに来る気配なし周辺で飛んでいる音は聞こえる。なぜ空白地帯になっているんだ。姿が見えたらこっちのものなのに…あきらめず、もう少し待とう。

　15時を回った。こちらを捜索する気配なしあえてこの周辺を避けているとしか思えない。こんなことばかりしていたら私のしかばねさえ、見つけることは不可能だろう。この捜索はいつまで続くのか　今年はいつまでだろう、雪が降り始まったら終了か　それまでが勝負か？　一体何をやっているんだやつらは！

　ひさしぶりに八百万の神に祈った。ヘリを

来させてくれと、しんけんに！　出雲大社の神よ、願いをかなえたまえ！」

今は10月、八百万《やおよろず》の神様が出雲大社に集まってくる。

だから島根県だけは10月を「神無月」ではなく「神在月《かみありづき》」という。

それを思い出し、出雲大社のある北西の方角に手を合わせた。

そして毎正時叫ぶことも続けた。

今日で乾布摩擦も4日目。夜眠れなくなってから5日か6日が経ち、ほんとうに精神的に限界になってきた。

メモはこの日で終わっている。ボールペンのインクがなくなったからだ。

すると何となく張り合いみたいなものがなくなり、ポカンとひとつ穴が開いたように感じた。

10月20日（木）――――遭難12日目

夜が明けたが、どんよりとした曇り空だった。今日は朝からヘリの音は聞こえなかった。

「ヘリとは縁がなかったな」という考えが脳裏をよぎった。

それと同時に「向こうから来てくれないのなら、見つけてもらえるところまで自分から行こう」と登山道まで登ることを決断した。

午前10時前であった。

「健康な体なら300メートルぐらいは2時

間もあれば余裕で登れるだろう、しかしこの体だと2、3日はかかるかもしれない。せっかく登るのだから、登山者が多い週末を狙ったほうが確実に出会えるだろう」と考え、逆算し今日か明日から登るのがベストと考えた。

しかし今日は朝から曇っていて、風もあり肌寒かった。寒い日は体の動きが鈍く、とくに腰が思うように動かない可能性がある。崖をよじ登っているときに踏み外したら、それこそ一巻の終わりになってしまう。そう考え、今日は無理をせず、太陽が出て暖かくなるのを待つことにした。

10月21日（金）——遭難13日目

朝、明るくなってきたが、やはりドンヨリとした雲が空一面を覆っていて、晴れる気配はなかった。「これ以上ここにいるのは限界だ、なんとか晴れてくれ」との思いで、また北西を向き、出雲大社の神様に手を合わせた。

正午を回ったころ、突然、雲が切れ始め、切れ間から太陽が顔をのぞかせると、急に暖かくなってきた。考える前に体が勝手に動き始めた。ザックから足を出し登山靴を履き、荷物をザックに詰め、ストックを両手に持っていた。水は事前に1リットルのペットボトル2本になみなみ入れて準備をしておいた。着込んだ服を脱ぐか迷ったが、緩慢な動きしかできないので汗をかくことはないだろうと考え、脱がずに登ることにした。とにかく、ゆっくりと着実に一歩ずつ前に進もうと考えた。「歩みを止めなければいずれは登山道に出る」、この考えをしっかりと胸に刻んだ。まずはガレ場を登っていく。

石や岩が大きく、しかも急斜面なのでなかなかスムーズには進まない。「あわてるな、あわてるな」。自分に言い聞かせながらゆっくり登る。そしてなんとかガレ場を登りきったところで、急に異臭がしてきた。異臭のするほうを見ると、シカと思われる死骸があり、ハエがたかっていた。誤って崖から落ちたときに肢を折って動けなくなり死んだのだろうと思った。私も脚を折っていたなら登ることができず、ずっとここで救助を待たなければならなかった。それを考えると幸運だったとしみじみ思った。

次は崖を登らなければならない。どこかに足や手を掛けられるところはあるか探したが、なかなか見つからない。そこで崖の両端がどうなっているのかと思い、左側に移動し左端を見てみると、ところどころ崩れ落ち、そこから木が生えていた。これなら足や手を掛けられるし、木の幹を掴むことができればなお登りやすいと考え、ここから登ることにした。

まず手を掛け、次に足の爪先を右、左の順番に掛ける。これを繰り返し繰り返し、崩れないかを確かめながらゆっくり登っていった。途中で掴んだ木に体重を掛けると、折れてバランスを崩しヒヤリとしたこともあったが、何とか登りきることができた。左側の肋骨が折れているのだろう、左手に体重を掛けると激痛が走った。

腰かけられるところを見つけて一休みしながら、次に登るところを見上げた。どのように登っていくのか頭の中でシミュレーションする。どこに手を掛け足を掛けるのか。右手左手右足左足、その次はどこか。頭の中で4、5メートル登ってから、実際に登り始める。登れそうな場所を探して、右に行ったり左に行ったりした。登っていくうちにだんだんと腰の痛みが強くなり、長い時間続けては登れなくなっていた。15分登っては10分休む、これを繰り返すようになった。

気がつけば薄暗くなってきた。時計を見ると午後4時30分。標高は1300メートル。出発地点との標高差は150メートル、目標の半分登ったことになる。斜面は急だったが、木が生えていたので少しでも平らなところを探し、木にもたれながらそこで一晩やりすごすことにした。体を地面につけるとジメジメしてかなり冷たく、体温が相当奪われてしまいそうだった。周辺にあった枯れ葉を集めて敷きならし、その上に体を横たえた。やはり寒かったので、傘をさしてその下に身を隠して寝ることにした。

10月22日（土）――― 遭難14日目

朝7時に目を覚ました。あたり一面霧がかかってよく見えなかった。昨日の疲れからなのか、腰がかなり痛かったが、腰を伸ばしたり曲げたりストレッチをしてから、すぐに荷物をまとめて登り始めた。昨日と同じく15分登っては10分休む、これを繰り返した。

昨日一日でペットボトル1本分の水を飲みきっていた。やはり動くと喉が渇く。あと1本、大事に飲まないといけない。

昨日と同様に急な斜面や崖が続いた。崖によっては手や足を掛けるところが少なく、崖にへばりつきながら登ったりもした。3時間ぐらい登ってからだろうか、少しずつ傾斜が緩やかになってくるのを感じた。しかし、もう腰は限界だった。思うように足が前に出ない。ちょっと盛り上がった木の根っこも、勢いをつけて足を持ち上げないとまたげないくらいになっていた。そして休む時間も10分が15分、15分が20分と長くなり、そのうちいったん休むと根が生えたように立ち上がれなくなり、立ち上がる気力も薄らいでくる。そんなときには、「10メートル先まで登ろう、そうしたら今日は終わりだ」と自分に言い聞かせながら、これを繰り返し登り続けた。

突然、切り倒された太い木が何本も放置されている、平らで広い場所に出た。そこでしばらく休みながら、どちらに向かって歩くか考えていると、10メートルほど先に緩やかだが長い坂道があるのを発見した。あそこなら登りやすそうだと思って登っていくと、平坦な道が目の前に現われた。標高を確認したら1450メートルを示していた。とうとう登ってきたかと思ったが、大きな倒木が2本横たわっているのが見えたため、もしかすると今は使われていない旧道の可能性もあると思い、しばらく歩いてみることにした。

100メートルほど歩いただろうか、右手に見慣れた黄色地の標識が立っているのを発見した。ほんとうにたどり着いたんだ！と、ホッとした瞬間、どこからか鈴の音が聞こえてきた。近くに登山者がいると思い、すぐに「お〜い、お〜い」と叫ぶと、ちょうど登ってきた登山者に声をかけられた。西村さんという方だった。

「どうしました？」

「2週間前に滑落し、今、下から這い上がってきました」

「食事はどうされていたんですか？」

「何も食べていません」

「それじゃお腹が空いたでしょう。下で買ったものですが食べませんか？」

と言って、おにぎり2個と唐揚げ2、3個がセットになったパックと飲み物を差し出され、ありがたくいただいた。

結局、西村さんには最後まで面倒を見ていただき、言葉では言い尽くせないほどお世話になった。私のザックも持ってくれていっしょに下山に付き合ってくれた。休みながらゆっくりゆっくり下山した。大峰山はまったくといっていいほど電波はつながらないが、ごくまれにピンポイントでつながるところがあった。西村さんがスマホを見ながら歩いていると、偶然アンテナが立った。

「冨樫さん、ちょっと待ってください。つながりそうなので警察に電話します」

そう言って電話をかけると、無事警察につながった。三重県警か和歌山県警だったようで、奈良県警に取り次いでもらい、救助を要請した。ヘリでピックアップするためには、上空に20～40メートル角の空間が開けていないといけないそうだが、そこは上空が閉ざされていたため、適地を探しながらまた下山することになった。

午後1時を過ぎたころだろうか、登山道の脇に上空が開けた空き地が見つかった。運よく電話もつながり、そこで救助を待つことにした。待っている間、お互いの経歴を紹介しあうと、いろいろと共通点があることがわかり、しばらくの間、楽しく話をさせていただいた。

午後2時、奈良県のレスキュー隊のヘリが到着し、ようやく救助された。西村さんもいっしょにヘリに乗るのかと思ったが、ピックアップされたのは私だけで、挨拶もできないままその場をあとにした。

ヘリから救急車に乗り換えて病院へ運ばれ、すぐにMRI検査を受けた。その結果、肋骨、胸骨合わせて6箇所と、第一腰椎を破裂骨折していることがわかった。検査が終わると、絶対安静を言い渡された。起き上がるのも寝返りも一切禁止とのことである。いったい何事かと思ったら、背骨がつぶれて後ろに飛び出し、その骨が脊髄を圧迫しているという。もし少しでも脊髄を傷つけてしまったら、半身不随になっていたそうだ。ほんとうに不幸中の幸いだった。

その後、手術をしてリハビリを行ない、無事退院できたのは12月末のことだった。

終わりに

これを書くために改めて測量野帳を読み直し、遭難3日目あたりから寒さを感じていたこと、体の痛みがずっと続いていたことを思い出した。自分では、1週間ぐらいは寒さを感じず、体の痛みも2週目ぐらいに治まってきたと思い込んでいたので、意外だった。入院中に、辛いことや苦しいことはすっかり忘れてしまったようである。

今振り返っても、思い出されるのは星空がきれいだったこと、生還を果たしたら車を改造して家族でキャンプを楽しもうと計画したことなど、ポジティブなことばかりだ。辛い気持ちを腹にためず、文字にして吐き出すことで、その都度、解消していたのかもしれない。

それにしても、滑落時に急斜面の途中で止まったこと、きれいな湧水が近くにあったこと、腕時計が見つかったこと、手足にケガがなく動けたこと、雨が少なく天候が比較的よかったこと、登山者が多い土曜日に登山道まで登り返せたこと、助けてくれた西村さんがとても親切だったことなど、幸運に幸運が重なって助かった命なのだということを、改めて認識させられた。

これからは充分な装備と慎重な行動を肝に銘じ、登山を楽しみたいと思う。

最後に、ほんとうに大勢の方々にご心配とご迷惑をおかけしたことについて、深くお詫びを申し上げたいと思う。

PART 2 検証

この事故については、当事者である冨樫さんに話をうかがい、『山と溪谷』2017年4月号に検証記事を寄稿した。そのころから「実際に現場検証をしてみたい」という話が持ち上がっていて、冨樫さんからも同行の了解を得ることができた。それが具体化したのが19（令和元）年で、10月12～14日の2泊3日の日程で現場を訪れることになった。

これにあわせて冨樫さんに休みをとってもらい、カメラマンを手配し、交通機関や宿を予約するなどして準備を進めていたのだが、ちょうどそのタイミングで日本に接近してきたのが台風19号だった。大峰《おおみね》・台高《だいこう》山域では大荒れの暴風雨となり、交通機関にも大きな乱れが出るという予報が出たため、さすがに取材を強行するわけにはいかず、やむなく翌年に延期することにした。

ところが、それからしばらくして、突如として始まったのが新型コロナウイルスの感染拡大である。20（令和2）年に入ると、ウイルス感染はわずか数ヶ月の間に「パンデミック」といわれるほどの世界的な流行となった。国内では緊急事態宣言が出され、「不要不急の外出は控えるように」というお達しが全国に行き渡った。登山も自粛が求められるなかでは、遠方に泊まり掛けで取材にいくこともためらわれ、身動きできない状態が2年以上も続いた。緊急事態宣言やまん延防止等重点措置がすべて解除され、行動制限がなくなったのが22（令和4）年春で、この年の秋に〝三度目の正直〟で取材を行なうことを決めた。

取材のいちばんの目的は、冨樫さんがどのあたりで迷ったのか、どうして迷ってしまったのかを確かめることにある。できれば冨樫さんがたどったコースを同じ日程で歩きたいと考えていたが、現場検証をしっかり行なうことを優先するため、次のような計画を立てた。

1日目：東京から新幹線、近鉄線、バスを乗り継ぎ天川川合《てんかわかわい》へ。山麓の宿に宿泊

2日目：タクシーで行者還《ぎょうじゃがえり》トンネル西口へ。奥駈《おくがけ》道に上がり、弥山《みせん》山頂の弥山小屋に宿泊

3日目：弥山小屋からレンゲ道を経て遭難現場へ。検証後、下山してこの日のうちに帰京

冨樫さんがたどった天川川合から弥山までの標準コースタイムは約6時間であるのに対し、行者還トンネル西口から弥山まではその半分の3時間ほど。この最短コースをとることで、体力を温存し、翌日の現場検証に注力しようという目論見であった。日程は10月8〜10日と決まった。

しかし、ここでまたしても問題が持ち上がった。取材まであと1カ月ほどとなったときに、

行者還トンネルの西側の道路が、土砂崩れにより通行止めになっていることが判明したのである。このため、行者還トンネル西口にはアプローチできなくなってしまった。トンネルの反対側には、行者還トンネル東口というもうひとつの登山口があるのだが、ここへ行くには道路を大きく迂回しなければならない。タクシーだと料金がべらぼうに高くなってしまうし、レンタカーの場合は取材終了後に登山口まで戻ってこなければならなくなる。

こうしたことから、東側からの最短ルートでの入山は諦め、最終的に北西側の熊渡《くまど》からカナビキ尾根経由で入山することにした。このルートは、2万5000分の1地形図には記載されていないが、昭文社の『山と高原地図』の「大峰山脈」には破線のルートが記されている。ネットで調べてみると、急登であるが難路というほどではなく、道はしっかりしているようだった。登山口となる熊渡から弥山までのコースタイムは約4時間45分で、天川川合からのコースよりも1時間ちょっと短縮できることになる。そこで当初の2日目の計画を変更し、カナビキ尾根経由のコースで弥山小屋に向かうことにした。

だが、これで一件落着と思いきや、そうはいかなかった。取材を数日後に控えた時点で、低気圧や湿った空気の影響により、現地は悪天候になるという予報が出ていたのだ。これでまた延期とすると、「いったいいつになったら取材できるのか」という話になり、企画自体がポシャってしまう恐れがあった。そこで編集者や冨樫さんと相談した結果、雨天でも決行することとし、1日目は東京から現地へ移動、2日目にカナビキ尾根から現場に行って検証作業を行ない、その日のうちに下山、帰京するという、タイトなスケジュールで実施することになったのである。

10月9日、私と冨樫さん、編集者の3人は、JAL225便で羽田から関西空港へと飛び、レンタカーでこの日の宿、和歌山県橋本市内のビジネスホテルへ移動した。宿でカメラマンが合流し、翌日は朝6時に出発して、登山口となる熊渡には7時30分ごろ到着した。

熊渡は、天川村の川合集落から国道309号(国道といっても林道のような狭く曲がりくねった道路)を行者還トンネル方向に向かって4キロほど入ったところで、川迫川と弥山川がここで合流している。我々がたどるカナビキ尾根や、弥山・八経《はっきょう》ヶ岳への最難コースとして知られる双門ルートの登山口となっているが、駐車場はなく、狭い道路の路肩に数台分の駐車スペースがあるだけだ。

予報どおり天気は雨。スタートから雨具を着用し、橋を渡って林道を黙々とたどっていく。30分ほどでカナビキ尾根と双門ルートの分岐に出て、その先の金引橋を渡ると登山道が始まる。しばらく山腹をトラバースぎみに進んでから、急斜面をジグザグに登るとカナビキ尾根に乗る。

ここからはほぼ尾根を忠実にたどっていくが、途中で踏み跡が分かれている箇所もあり、スマホの登山用地図アプリを見ながらの行動となった。

金引橋から緩急織り交ぜながら登ることおよそ2時間30分で広い尾根上に出て、天川川合からの一般ルートが右から合流する。三差路はちょっとした広場のようになっていて、うっすらと白いガスが立ち込めるなか、苔むした倒木が散在している。6年前に冨樫さんがここを歩いたときも、雨が降っていたそうだ。やはり今日と同じような幻想的な風景が広がっていたのだろうか。

小休止を挟んだのち、ナメリ坂をひと登りすると、平坦な樹林帯に出る。樹間はそれほど密ではなく、林床は落ち葉で覆われている。ここも、尾根というよりは樹林帯の広場のような場所である。ルートは登山者に踏まれているので判別がつくが、ところどころで踏み跡（獣道）も交錯する。木の枝や幹にはルートを示す赤いリボンが適度な間隔で結ばれ、標識もぽつんぽつんと設けられている。しかし、6年前には赤いリボンはなかなか見つからなかったと、冨樫さんは言う。

「登ってくるときに、このあたりの道を歩いた記憶は全然ないんですよね。ガスっていて、ほとんど視界が利かなかったんです。ほかの山に比べると、赤いリボンや標識などの目印がもと

天川川合へ
能濵へ
金引橋
川迫川
奈良県
天川村
双門ルート
カナビキ尾根
金引橋分岐（ナメリ谷）
栃尾辻
栃尾辻避難小屋
天女の頂
▲1518
吊橋
•1318
予定していた下山ルート
一ノ滝
二ノ滝
三ノ滝
弥山川
•1456
ナメリ坂
仙人嵓前のテラス
双門滝
三鈷滝
山中のこのあたりへ迷い込んで滑落。10/9〜10/21ビバーク
•1695
さほど密ではない平坦な樹林帯このあたりで登山道を外れたものと思われる
•1598
ナベの耳
河原小屋跡
記憶にある崩落箇所
頂仙岳
▲1718
10/9、弥山小屋からレンゲ道を経由して下山
トップリ尾
高崎横手分岐
レンゲ道
狼平
狼平避難小屋
10/8、天川川合から弥山小屋へ（泊）
弥山小屋へ
五條市
N
0
500m
八経ヶ岳へ

もと少ないうえ、ガスで見えにくかったので、不安な気持ちになったのをよく覚えています」

数メートル先も見えず、いつの間にか道がわからなくなってしまったが、このときは右に行ったり左に行ったりしているうちに目印が見つかり、ルートに戻ることができたという。しかし、その翌日、下ってくるときに同じような場所に差し掛かり、再度、道に迷って滑落してしまった。以降、13日間という長い期間を、ひとり山のなかで過ごすことになったのだった。

そこが6年前に迷った場所なのかどうか、冨樫さんには判別がつきかねている様子だった。ただ、疎林の平坦地が広がっていて、ちょっと登山道を外れてしまうとどの方向へも行けるように思えてしまうという点で、迷いやすそうな場所であることはたしかだった。


地図を見ると、その先にも平坦な場所がありそうなので、ここでの検証は後回しにして、とりあえず先へ進んでみることにした。1598メートルピークの西側を巻いている登山道をたどると、すぐに「ナベの耳」と呼ばれる鞍部に出る。ここもまた平坦な疎林で、迷いやすそうな場所のひとつに見える。

しかし、冨樫さんは周囲を見渡し、「いや〜、ここじゃないなあ」と断言した。

「あの日はざんざん降りの雨のなか、下を向いて水溜まりを避けながら下ってきました。まわりの景色を見る余裕はまったくなく、頭の中にあったのは『早く下山しよう』という思いだけでした。でも、ここは、道に迷った場所とは雰囲気が全然違うように感じます」

6年前のその場所には、黄色い標識がひとつだけぽつんとあった。その後、ナベの耳の周辺を含め、コース上には標識や赤いリボンが整備されたが、それを差し引いても「少なくともこんな感じの場所ではなかった。まださっきの場所のほうがイメージに近い」と冨樫さんは言う。

冨樫さんの記憶では、八経ヶ岳からレンゲ道を下ってきて、狼平《おおかみだいら》からの道が合流する高崎横手分岐まで来たことは間違いない。迷ったのは、高崎横手分岐からナメリ坂の間にある、「木々がまばらな広場のような場所」だという。手記には「ナメリ坂のあたり」とあるが、ナメリ坂までは来ていなかったようだ。ならばもう一箇所、頂仙《ちょうせん》岳と高崎横手分岐の間に鞍部のような開けた場所がありそうなので、高崎横手分岐のあたりまで行ってみることにした。

頂仙岳の西側の山腹をトラバースする道は細く、右手谷側が急傾斜となって落ち込んでいる。その道をたどりはじめて間もなく、冨樫さんの見覚えがある地形が現われた。そこは斜面が小さく崩壊していて、登山道が一部途切れていた。

「この場所は見覚えがあります。ここは越えてきています。まだあのときのままだったんだ」

そう冨樫さんは言った。また、「左側が切れ落ちている道を下っていったら、パッと開けたところに出た。その周辺で迷った」とも証言している。地図で見るかぎり、下っていくときに左側が切れ落ちている箇所はこのあたり以外にない。ここを過ぎればナベの耳に出るが、ナベの耳で迷ったのではないことは、先ほど明言した。となると、やはりいちばん最初に通りかかった、ナメリ坂を登り切ったところにある、1598メートルピーク北側の広場が該当箇所であると思われた。

再びその場所に引き返したのが12時30分ごろ。いつの間にか雨は上がり、梢の間からは薄日が射していた。冨樫さんは、しばらく周辺を見て回ったのち、こう言った。

「明確に『ここです』とは言えませんが、このあたりだと思います。イメージ的にはもっとだだっ広かった記憶があるんですが、そうでもないですね。今は標識も赤リボンもたくさんあるから、すぐに『こっちだな』とわかりますが、当時はほとんどなかったから、どっちの方向に行っても正しいルートのような気がしたんです。そうか……ここらへんで道に迷ったのか……」

6年前、ここに差し掛かったとき、ぽつんとあった標識だけが目に入った。川合方向を示す矢印は広場の真ん中のほうを指していたので、そちらのほうへ歩いていった。それが道迷いの

1.地図を見ながら行きつ戻りつしたが……
2.崖に出て下をのぞこうとして転落した
3.毎日体を動かして居場所を改善した
4.遭難中の思いを測量野帳に書き留めた

始まりだった。

たしかに標識やリボンがないと、ルートはわかりにくいかもしれない。うっかり踏み跡をたどっていってしまうことは充分にあり得る。

「(踏み跡をたどりながら) ああ、そうですね。こっちのほうに行った可能性はあります。ここまで来ちゃうと、もうワケわからなくなります。ちょっとルートを外れるだけで、こうもわからなくなってしまうんですね」

迷いはじめてからしばらくは、赤いリボンを探してあちこち歩き回った。ここまで当初の予定よりも1時間ほど早く着いていたので、まだそれほど焦りはなかった。「時間に余裕があるから、多少迷っても大丈夫。探しているうちにルートは見つかるだろう」と思っていた。だが、リボンは見つからず、登山道にも戻れなかったので、登山地図とリストウォッチのコンパスを頼りに、栃尾辻のある北西方向に向かうことにした。

斜面を何度か登り下りし、行き当たった崖を迂回して進んでいくうちに、いつしか1時間が経っていた。再び崖が現われ、下りられるかどうか右足を半歩前に出して覗き込んだ瞬間、足元の土が抜け落ちるように崩れて体が落下した。

その崖がどこだったのか、4人で手分けして探してみた。しかし、急斜面はあるものの、切り立っているような崖は見つからなかった。時間もあまりなかったので充分な検証はできなかったが、冨樫さんはルートを外れてかなり山の奥のほうまで入り込んでいったものと思われた。

崖から転落して気を失った冨樫さんは、2時間ほどして意識を取り戻したが、身体中が痛くてほとんど動くことができず、痛みに耐えながらその場で一晩を過ごした。滑落したときにリストウォッチをなくしてしまったが、倒れた場所のそばに落ちているのが見つかり、手を伸ばしてどうにか回収することができた。時刻だけでなく標高や方位もわかるその時計は、冨樫さんにとって、山に登るときにはなくてはならないものであった。

朝を迎え、もっと安全な場所に移動しようとあがいているうちに、持っていた1リットルの水はすべて飲み干してしまった。「これで私も命尽きたか」と思っていたときに、どこからか水の流れる音が聞こえてきた。目を凝らしてみると、5、6メートル離れたところに湧き水が流れているのが見えた。

「急斜面のガレ場を滑落しながら途中で止まったこと、なくしたと思った時計が見つかったこと、そしてたまたまそばにきれいな水が湧いていたこと。そうした偶然が重なって、私は『生かされた』と思いました。まだ子供も小さいのだし、生きて帰って、子供が大きくなるまで仕事をがんばれ、と。神様から『生きろ』と言われたような気がしたんです」

救助を待つ間は、傷ついた体では動き回ることもできず、ただじっとしているしかなかった。しかし、ガレ場に体を横たえていても、でこぼこした石が体に当たるので、苦痛を覚えるだけであった。ならばなるべく体に負担がかからないようにしようと考え、体がずり落ちないように木の枝で穴を掘り、体に当たる石をどけ、周囲の枯れ葉を集めて下に敷くなどした。少しでも居心地をよくするため、その作業は毎日行なった。それだけで1日4、5時間は潰せた。

また、いつも山に持ち歩いている測量野帳に、事故の経緯と心情、反省点、生還してからのことなどを、ボールペンのインクがなくなるまで書き綴った。まだ遭難中だというのに、助けられてもいないのに、早々と事故報告書を書いていたわけである。

「肋骨が折れているから呼吸も非常に苦しかったし、背骨も折れていたのでかなりの激痛がありました。とにかく黙っていても辛いし、寝ていても辛い。その痛みや辛さを忘れるためにも、なにかをしていたかったんです」

冨樫さんに初めてお会いして事故の経緯をうかがったとき、重傷を負いながら、よくぞこれほど冷静に対処できたな、というのが正直な印象だった。それが生還につながった要因のひとつであることは、間違いないだろう。冨樫さん自身、取材時には次のように語っていた。

「慌てたりパニックになったりするようなことはなかったと思います。もう起きてしまったんだからしょうがない。考えても無駄なことは考えない。あとはじっとしているしかないぐらいの感覚でした。『助からないかもしれない』という考えはいっさい起きませんでしたね。それよりも、今いるこの場所をどうやって過ごしやすい環境に変えていくか、そういう方向に意識を持っていくようにしていました」

しかし、そのあとに手記を読んで、ずっと冷静でいられたわけではなかったことを知った。一部の記憶に関しては、本人でさえ、事故から5年以上もの間、幻覚を現実だと思い込んでいたのだ。捜索のヘリは連日のように飛んでいるのに、見つけてもらえない苛立たしさ、焦燥感はいかほどのものであったかと思う。

そして遭難して12日目、ヘリの音が聞こえなくなったのを機に、「ヘリとは縁がなかったな」と自ら見切りをつけて、自力脱出を試みる。

腰椎破裂骨折や肋骨計6箇所の骨折などの重傷を負っているうえ、2週間近くなにも食べておらず、唯一の希望であった捜索も打ち切られたようだと知ったときに、ふつうだったら気力がぷっつりと切れてしまってもおかしくはない。しかし冨樫さんは違った。見つけてもらえないのだったら、自分で行動するしかないと考えたのだ。ケガの具合と体力の消耗度、登山道に登り返すまでの標高差と所要時間、登山道に出るタイミングなどを考慮して計画を練り、それを実行に移した。そしてその狙いは、みごとに当たった。

遭難が長期化するにつれ、幻覚を見たり、妄想に苛まれたり、パニックに陥りそうになったりしながらも、うまく気持ちをリセットして冷静さを取り戻し、生きて帰ることを諦めず、結果的に最善の判断を下せたのは、ほんとうにすごいことだと思う。

冨樫さんが置かれていた状況を我が身に置き換えて考えてみたときに、同様の判断・行動ができるかといったら、おそらくできないだろう。私も含め多くの人は、捜索が打ち切られた時点で生への希望は断たれたと絶望し、その場にとどまりながら、ゆるゆると死を受け入れてしまうのではないだろうか。そうならずに最後まで諦めずに生に執着した強い気持ちは、間違いなく賞賛に値する。

ただ、運に恵まれた部分も大きかったことは本人も認める。13日間のうち、雨が降ったのは2日ほどだけだった。もし悪天候が続いていたら、体力の消耗が進んで自力脱出できなくなっていたかもしれない。また、行動不能になるほどの重傷を負ったことも、結果的にはいい方向に作用したといえなくもない。

「もし大したケガもなく、まだ動けるという状態だったら、焦って動き回っていたでしょう。

それができない状態だったので、じっと待つしかありませんでした。だから逆に冷静でいられたのかもしれません」

救助を待ち続けた場所にしてもそうだ。いくら居心地をよくしようとしても限度はあり、そこで何日間も過ごすうちに疲労感が増してきて「辛いなあ」と思うようになったという。

「それがあったから、決断して行動を起こしました。暖かくて居心地がよかったら、もっとあの場所にとどまっていたでしょう。ずっと待ち続けていたと思います」

結局、滑落現場は特定できないまま時間切れとなり、我々は往路を引き返していった。登山口の熊渡まで下りてきたのは午後5時ごろで、あたりはすでに薄暗くなりはじめていた。

現場検証を終え、冨樫さんが改めて感じたのは、目印が見つからなかったとき、なぜすぐに最後に確認した目印まで引き返さなかったのか、ということだ。滑落して行動不能になってしまったあと、それを何度も悔やんだが、後悔先に立たずであった。

「いちばんダメだったのは、正しいルートを探そうとして深追いしてしまったことです。迷ったら戻れ、という鉄則どおり、そうするべきでした。引き返さずに次の目印を探し回ってしまったから、13日間、山の中で過ごすハメになりました。無理せずに引き返せばよかったんです。

それに尽きます」

登山道に戻れないまま強引に下りようとしたのは、伊丹空港午後6時発の帰りの飛行機のチケットをとっていたことにもよる。その時刻に合わせてバスも電車も乗り継がなければならないので、運行ダイヤも事前にきっちり調べてあった。だからよけいに「間に合わせなければ」という思いに駆られ、判断ミスを招くことになってしまった。「遭難することを思えば、1日ぐらい遅れても」というように意識を切り替えられたなら、もうちょっと冷静な対応ができていたかもしれない。

道に迷いはじめたとき、スマホの登山用地図アプリが機能しなかったのは、事前に地図をダウンロードしていなかったためだ。ちゃんとダウンロードしていれば、圏外であってもGPS機能が働き、地図上に現在地が表示されていたはずで、それほど苦労することなく正しい登山道に戻ることができたと思う。我々が現場検証をしたときも、迷いやすい地形で地図アプリが幾度となく役に立ったように、スマホの地図アプリやハンディGPSは、山での道迷いを防ぐ有力なツールとなり得る。しかし、正しく使いこなせなければ、持っている意味はない。

なお、冨樫さんは日本山岳ガイド協会の「コンパス」システムを利用して登山届を提出していた。島根には単身赴任で来ていたため、北海道に住んでいる家族は弥山に来ていることを知らなかったが、下山していないことがわかれば、家族に連絡が行くはずだった。ところが、緊急連絡先としていた妻の携帯電話は、登録先以外からのメールを受信しない設定となっていたため、コンパスからの連絡も届かなかったという。それ以前に職場の人が警察に届け出て事故が発覚したが、地図アプリ同様に、せっかくの便利なシステムも、使い方に不備があれば、まったく役に立たなくなってしまう。

この事故のあと、地元の天川村役場地域政策課は天川川合ルートの赤リボンを増やして、道迷いが起きにくいようにした。現在も年に2、3回、登山道の点検を行なうときに赤リボンをチェック・整備しているという（余談だが、ここ数年ほど、何者かが目印の赤リボンを剥がしたり、登山道ではないところに目印を付けたりするという問題が起きている。剥がされた赤リボンは、これ見よがしに登山道の脇に捨てられているそうだ。同課は「遭難事故防止のため、目印を外さないでください」という看板を設置したが、それも壊されてしまったという）。

6年ぶりに現場を訪れてみて、たしかに標識もリボンも増えていたので、冨樫さんは「これだったら道に迷うことはないだろう」と感じたそうだ。その一方で、もしかしたら標識を見落としていた可能性もあったのではないか、とも話す。

「ひとりだと、不安が高まって緊張したときに、視界には入っているんだけど、見えていないいってこともあるんじゃないかなと思ったんです。山では、とくに単独行では、どんなことが起きるかわかりません。とにかく常に冷静に行動することが大事なんだなと痛感しました」

この現場検証は、冨樫さんにとっては事故以来となる登山であり、下山してきて開口一番「今日はとにかく疲れました」と笑った。6年ぶりの登山だったので、なにより体力がもつかどうかが心配だった。ケガの後遺症もあり、ときどき腰に痛みも出ていた。

「事故後は、また山に登れるようになるんだろうかという不安があり、なかなか一歩を踏み出せないでいました。だから今回は、初めて山に登ったときのような感じがしました。無事、現場まで行って帰ってこられたので、正直ほっとしています。そして改めて、山ってほんとうにいいな、また行きたいなと実感しました」

そのためにも、もう一度しっかり鍛え直し、体力をつけようと思っているという。

PART 3

対談

2人の単独行者が掴み取った〝生〟

冨樫篤英

2016（平成28）10月、大峰山脈を登山中に道に迷い、崖から転落して腰椎破裂骨折、6箇所の肋骨骨折等の重傷を負う。遭難して13日目に自力脱出し、14日目に行き合った登山者のサポートを受けて救助される。

×

多田純一

2010（平成22）年8月、両神山登山中に滑落、左足首上を開放骨折。沢の畔で救助を待ち続けた。登山届が提出されていなかったことから捜索は難航。事故発生から14日後、奇跡的に発見・救助された。

奥秩父《おくちちぶ》・両神《りょうかみ》山と大峰山系・弥山で、それぞれ滑落して重傷を負い、行動不能に陥った2人の男性単独行者。彼らが追い込まれたのは、生きることを諦めてしまってもおかしくはない、孤立無援・絶体絶命の状況下であった。それでも2人は望みを捨てず、約2週間という長い時間を耐え抜いた末に発見・救助された。遭難中、彼らはなにを考え、どう行動したのか。なにより、生還へと導いたものはなんだったのか。極限の経験を経て再び日常生活を取り戻した2人に、〝あのとき〟を振り返りながら、遭難に至るまでの経緯、救助を待つ日々、遭難中に去来した家族への思いなどを語ってもらった。

事故当時の冨樫氏の登山歴は約5年で、単身赴任先の島根を拠点に西日本の山を単独で登っていた。一方の多田氏の登山歴は1年ほどで、週末に時間ができたときにひとりでふらりと日帰りで山に出かけていた。事故に遭った山行については、冨樫氏は綿密に計画を立て、ウェブサービス「コンパス」を利用して登山届を提出。多田氏は前日に思い立って山行を決め、古いガイドブックを母親に見せながら「この山に行ってくる」と話をした。しかし、母親は山名を覚えておらず、「鎖場がある秩父の百名山」というフレーズだけが頭に残った。このため登った山が特定できず、捜索の初動に遅れが出ることに。冨樫氏の場合は、予定日を過ぎても下山しないことから、

「コンパス」を通して緊急連絡先の妻にメールが発信されたが、妻は指定アドレス以外のメールは受信しない設定にしていたため、夫の遭難を知らずにいた。最終的には職場を通して妻に連絡が行き、警察に捜索願が出されることになった。

かたや綿密な計画を立て、かたや思いつきで出発

——まず、お二人が遭難した山行を比べてみると、計画段階でかなり違いが見られます。

冨樫　私が以前、勤務していた会社では、とても登山が盛んだったんです。そこで仲間に誘われて山に登るようになったんですが、山行前には非常に綿密に計画を立てるんですよ。で、「登山てこういうものなんだな」と。たしかに計画を立てれば安心感がありますし、私自身がどちらかというと細かい性格なのかもしれません。その後、単身赴任で島根に行って単独で登るようになってからも、まったく初めての山ばかりでしたし、翌日からの仕事に備えて確実に下山しなければいけませんから、綿密に計画を立ててました。

多田　私がいちばん最初に山に登ったときは、経験のある友人がいっしょだったんですが、2回目以降は、週末に時間ができたときにひとりで行くような感じでした。今考えると、当時はまだある程度、体力もあったので、たぶん無茶な登山もしていたと思います。事故に遭ったのは登山を始めて1年目ぐらい、30

歳のときで、思いつきで前日に「両神山に行ってみよう」と決めてしまったんです。

冨樫　日帰りの予定だったんですか？

多田　日帰りではちょっと行程が厳しいので、前日の夜に家を出て、現地の漫画喫茶で1泊して、朝から登りにいく予定でした。早く下りてこられれば、東京まで帰ってきて友人の家の近くで東京湾の花火大会を見るつもりでした。ほんとうに安易な計画だったと思います。

冨樫　インターネット上にアップされている山行記録などを事前に見たりはしたんですか？

多田　はい、最新の情報はチェックしていました。ただ、登山計画書は出しておらず、家を出るときに、ガイドブックを見せながら「この山に行ってくる」という話をしたんですが、母親は山の名前を覚えておらず、「鎖場がある秩父の百名山」というフレーズだけが頭に残っていたようです。そのガイドブックは、母親が若いころに山登りをしていた当時の古いもので、紹介されていたのも現在は閉鎖されたコース（予約制となっている白井差《しらいさす》コース）だったんです。そうしたことで、捜索の初動を混乱させてしまいました。

冨樫　私は仕事の都合上、職員と共有しているスケジュール表に、土日の私的な行動も含め記載していました。このスケジュール表には「大峰山登山」と記載していましたが、休みが明けても出勤してこないので、職員は私のパソコンを立ち上げて登山計画書から行程を確認しました。結果的に、職場から家族に電話が行って、家族が警察に届け出たようです。登山届は、コンパスを通して提出していました。コンパスからは、緊急連絡先になっている家内のメールアドレスに「下山していない」と連絡が行ったようなんですが、なんと家内は迷惑メール防止のため、指定したアドレス以外のメールは受信しない設定にしていたんですね（笑）。まさかそんな設定をしているなんて、思ってもいませんでした。だから家内は、職場から連絡が来るまで、山から帰ってきていないことをまったく知らなかったわけです。

転・滑落して重傷を負い、行動不能に陥る

――遭難したときの状況を教えてください。

多田　最初は登りと同じコースで下山するつもりでしたが、分岐で気が変わり、七滝沢コースを下りることにしたんです。その途中、登山道が不明瞭になってきたときに、パニックになって恐怖を感じてしまいました。明らかな人工物があるところまで引き返して、「ああ、じゃあ間違っていないんだな」と思ってまた進むんですが、やっぱりルートが不明瞭になって、ということを何度か繰り返して。また、時間的に余裕のない計画だったので、最終バスの時間は迫ってくるし、あたりもだん

だん暗くなってくるしで、よけいに焦ってしまいました。ほんとうなら、山中で1泊することになったとしても、分岐まで戻って登りと同じルートを下りるのが正しい選択だったと思います。でも、それまで日帰りでの山行しかしてこなかったものですから、1泊することはちょっと考えられませんでした。

冨樫　そういう状況のなかで、狭い登山道から足を踏み外してしまったのですか？

多田　前日に雨が降ったようで、登山道は若干ぬかるんでいるところもありました。かなり勾配がある山腹をトラバースする箇所で、ぬかるみに足を持っていかれたと思っています。真夏の8月中旬だったこともあり、崖下も見えないぐらいに木が鬱蒼としていたので、かなりの高度・勾配のところにいたにもかかわらず、そこまでの危険を感じにくかったこともあるかと思います。

冨樫　私の場合は道がわからなくなってしまったんです。標識の矢印が指し示す先にはなだらかなブナ林がずーっと広がっていて、どの方向にも行けるような感じで。赤いリボンを探しながらブナ林のなかを彷徨ったのですが見つからなくて、仕方なくさっきの標識のところまで戻ろうとしたら、もう戻れなくなってました。遭難していた十数日間のなかで、このときがいちばん焦りましたね。急に奈落の底に突き落とされたような感じで、「うわーっ、これはどうしようか」と思いました。その日は大雨だったし、ほかの登山者が近くの登山道を通るかどうかもわからないし、最終的には夕方6時の伊丹発出雲行きの飛行機に乗って帰らなければいけないというのも頭にあって。地図は持っているし、高度計とコンパスのついた時計もあったので、それらを頼りにしながらだいたいの方向に見当をつけて下りていくことにしたんです。それが無謀だったんですね。進んでいった先では何度か崖に出くわして、そのたびにちょっと方向を変えてみました。ある崖のところで、「この下には行けないのかな」と思って右足を半歩ぐらい前に出して下を覗いたら、ストンと足元が崩れて、そのまんま落ちていきました。落ちる瞬間はほんとうにおっかなかったです。着地したときの記憶はまったくなく、気がついたら斜度が30度ぐらいあるガレ場を仰向け状態で滑り落ちていました。このままだと止まらないと思い、木や岩を掴もうとしながら20メートルぐらい落ちたんですかね。なんとか止まったんですが、滑落中に木の枝で左の眉の上を切って、どくどくと血が流れ出ているのを感じたあとに気を失いました。

多田　私の場合は、あとで警察の方から「40メートルぐらい転がり落ちた」と言われました。体が縦に回ったり横に回ったりする感覚だけはすごく記憶に残っています。「ああ、止まらない」「どうしよう」「死ぬかもしれない」という思いが走馬灯のように駆け巡って、滑落している時間がすごく長く感じました。いちばん下の沢のところまで落ちきって止まりました。そのときに眼鏡もなくしてしまって、「見えにくいな」と思いながら体のダメージをチェックしていたら、左足の脛の骨が飛び出ていました。「足がおかしいぞ」と気づいてから、痛みを初めて感じました。痛みというのは、認識して初めて感じるんだなというのがそのときわかりました。あとはもうパニック状態でしたね。足がありえない方向に曲がってプラプラしていて、ケンタッキーフライドチキンの骨みたいなものが、皮膚を突き破って出ていましたから（笑）。そのときに「これはまずいことになったな。死ぬ覚悟もしなければいけないのかな」と思いました。

冨樫　出血はどうでしたか？

多田　じわじわ溢れ出てくるというか、時間を置いて、ぽこっ、ぽこっと血の塊が膨らんでくるような感じでした。出血がやっぱり気になったんですよね。人間はどのくらいの出血まで耐えられるのかわからなかったものですから。とりあえず飛び出していた骨を皮膚の中に入れて、折り畳み傘の柄を添え木代わりにして前日着ていたTシャツを巻いて固定しました。

冨樫　私は意識を取り戻してすぐ、「今、何時だろう」と思って時計を見ようとしたら、時計がなかったので、「滑落したときに飛んだんだなあ」と思って。そのあと体を動かそうとしたら、全身が痛くて痛くて動けないと。結果的に肋骨が6箇所折れていたんですけど、息をするたびに激痛が走るような感じでした。

あと、腰のあたりも非常に痛かったんです。十数年来の腰痛持ちで、ひどいときは朝起きられずに、ごくたまに仕事を休むこともあるぐらいなので、滑落したときにしたたか腰を打ったんだなと思いました。結局、背骨も破裂骨折していて、後日、医者には「ひとつ間違えたら、あなたは半身不随になってましたよ」と言われたんですが、事故直後は2、3日安静にしていたら緩和するだろうという感覚でした。左眉上の傷からの出血は、意識を取り戻したときにはもうかなり止まっていました。

——そこはどんな場所だったんですか？

冨樫　勾配のきついガレ場で、体をちょっと動かしたりすると、ずるずると下に落ちちゃうんですよ。さらにその下は傾斜がきつくなっていて、私はその場になんとか留まっている状態でした。とにかく動けないので、ここにいるしかないと思って。うつ伏せで万歳をしているような体勢でいたんです。その数メートル先のほうで、なくした時計をたまま見つけて、なんとか体を伸ばして時計を取って見たら、12時49分でした。バスの時刻が12時39分だったので、「ああ、もうバスは行っちゃったんだなあ」と思って（笑）。眼鏡はなくしてはいなかったけど、傷だらけになってしまってあんまりよく見えないので、外しちゃいました。

水は1リットル持っていたんですけど、半日ぐらいで全部飲んでしまいました。「早晩、喉も渇いてくるだろうし、さて水をどうしようか」と思いながらぼーっとしていたら、ちょろちょろ水の流れる音が聞こえてきたんですよ。「これは水の音か?・」と思って、自分のいる場所をよくよく見たら沢地形だとわかって、音が聞こえてくるあたりをじっと眺めていたら、左手5、6メートル先の岩陰から水が出ていたんです。それを見つけて、「お前はもう少し生きていい」という許しを神様に与えてもらったと思ったんです。その時点でもう「死ぬかもしれない」とは考えなくなりましたね。崖の途中で止まったし、時計もあった、水もあったと。すごく短絡的ですが、「あ、もうこれで私は生きられる」「1ヶ月ぐらいは生きられるかな」と思いました。

空腹感よりも辛い喉の渇き 水がなければもたなかった

――救助される可能性についてはどう考えていましたか?

多田　それはあると考えていました。いちおう母親に行き先を伝えたつもりでいましたし、日帰りを予定していましたから、「2、3日もすれば助けにきてくれるから大丈夫だ」という思いは持ち続けていました。実際、終電まで待っても帰宅しないということで、両親が警察に連絡しました。ただ、登山届を出しておらず、母親も両神山の名前を覚えていなかったので、警察ではなかなか捜索の範囲を絞りきれなかったわけです。

冨樫　私が不安にならなかったのは、「やっぱり日本の警察って優秀だよね」というのがあって、絶対に助けにきてくれるだろうと思っていたからです。ルート周辺を1キロメッシュに区切っていって、しらみつぶしに捜していくんじゃないかと、捜索方法まで勝手に考えていましたから。自分としては、コースからそんなに大きく外れてはいないはずだという感覚があったので、その1キロメッシュの範囲内にいるはずだと。今日明日ではなくとも、いずれは見つけてもらえると、勝手に想像していたんです。

多田　私の場合は、果たしてどのように捜し出してもらえるのかまったく想像できなかったから、ケガの状態と、体力がいつまでもつのかという心配のほうが大きかったですね。水はあるものの食べるものはない、出血も続いているということで、何日ぐらいが限界なんだろうと思ってました。

左足はもう靴が履けない状態でしたので、靴紐で縛ったりしていたんですが、それでも出血が止まらなかったので、火であぶったナイフでジューと傷口を焼くしかないなと。それを2日目にやりました。でも、助かってから執刀していただいた外科の先生には、「多田さん、沢で傷口を洗浄していたほうがよかったのに」と言われました。ばい菌が中に入ったまま塞ぐことになるので、感染症をより悪化させてしまうみたいです。結局、左足は感染症がひどすぎて、十数センチ骨ごと切除することになりました。

――一度は自力で脱出を試みたんですよね。

多田　「このままで助かるのか」という不安が膨らんできたので、体力があるうちに行動を起こそうと思って、3日目に斜面を登り返していきました。夜は雨が降ったんですが、持っていたレジャーシートでなんとかしのぎました。雨が上がってから、傷の具合を見るためにヘッドランプで足を照らし出してみたら、傷口がウジ虫だらけだったんです。においを嗅ぎつけて、いつの間にか卵を産み付けていたんでしょうね。あれは戦慄……衝撃的でした。そういうシーンは漫画の『はだしのゲン』でしか見たことがなかったので。沢の水をいっぱいにした2リットルと500ミリリットルのペットボトルを持っていましたが、それは飲むための水だったので、嫌々ながら手でウジ虫を払い落として、またタオルを巻き直しました。そのあとは見ていませんが、救助されて救急治療を受けたときに、看護師が「だいぶ取れましたよ」と話していたので、また大量に湧いていたんだろうと思います。

冨樫　右足は大丈夫だったんですか？

多田　左足の開放骨折以外に、肋骨にもヒビが入っていたようなんですが、痛みは感じませんでした。ほかはとくに問題なかったので、左足をかばいながら這いずって斜面を登っていくような感じで。手のひらにも傷があったんですが、持っていたグローブでカバーしながら木の根っこなどを掴んで、ジリジリ腹這いで進んでいきました。4日目はもうそれ以上進めなくなって、下りるに下りれないまま斜面の途中で過ごしました。その時点でもう水がなくなってしまい、5日目になると脱水のせいか思考がだんだんおかしくなってきて。それこそ自分の尿も飲んだり、タオルを地面や岩肌に付けて水分を染み込ませ、それを絞って飲んだりしてました。でも、「このまじゃマズい」と思い、滑落の危険はありましたが、またジリジリと沢まで下っていって、ようやく水にありつけたんです。

冨樫 やっぱり水って大事ですよね。

多田 空腹感もそうとうありましたが、喉の渇きの苦しさのほうが厳しいですね。まともな判断ができなくなってしまうというか。

冨樫 私も水がなかったら、3日もったかなという気がしますね。エネルギー源は腹まわりについているから、「これでダイエットできるな」と思ったぐらいですけど（笑）。

多田 私はふだんジムに通っていて、体脂肪率も10％を切るぐらい絞りに絞っていたので、空腹で判断力が鈍っていたからかわかりませんが、石をひっくり返してアリやミミズを食べたり、苔をむしって食べたりしました。でも、それで空腹感が満たされるわけではないので、「こんなことをしていても意味はないな。それよりもまず水を手に入れなければ」ということで、とにかく沢まで戻ることにしたんです。それ以降、空腹感はあったのかもしれないけど、そんなに強いイメージとしては残っていません。

救助への期待と迫りくる死への恐怖

——救助を待つ間、どんなことを考えましたか?

冨樫　滑落してまず思ったのは、「ああ、やっちまったな。みんなにちょっと迷惑をかけるな」ということでした。そのあとに考えたのは、次回の登山のことだったんですよ(笑)。どうして落ちてしまったんだろう、どこで間違えたんだろう、どのように行動すればよかったんだろうか、と。そこを冷静に考えてきちんと反省しなければ、次の登山はないなと思いました。まあ、考える時間はたっぷりあったので、それを手帳に書いていったんです。そしたらいつの間にか日記になっていましたけど。ケガもそんなにひどいとは思っていなかったからかもしれませんが、登山はもう嫌だという気持ちはまったくなくて。だから「次の登山」という考えにつながったんだと思います。

——どんなことを反省しましたか?

冨樫　冷静に考えれば、道がわからなくなった時点で、カメラでその場所の写真を撮って、3時間以上かかるかもしれませんが、もう一度山小屋まで戻り、小屋の主人にその写真を見せてどっちへ行けばいいか教えてもらうべきだったと思いました。山小屋には電話がありますから、飛行機便の変更だってできますし。「迷ったら戻れ」という基本的なことは先輩たちから教わったはずなんだけど、結果的にはそれができなかったんですよね。それがいちばんの反省点でした。

多田　少しの時間を惜しんだことが、結果的に2週間の遭難になってしまったので、それは私も同じです。考えることは、日数の経過ごとに変化していきました。最初は、「お盆の休み明けに出社してこないから、会社も不審に思っているだろうな」「溜まった仕事の処理は大丈夫かな」「両親にも心配かけてしまっているな」といったことを思いました。とくに私は末っ子長男で甘やかされて育ちましたし、死を意識しないわけにはいかなかったので、親に対して申し訳ないという気持ちですよね。30という歳で親より先に死んでしまう、しかも見つかるかどうかもわからないということで、後悔の念がものすごく強かったですね。それと、当時すでに付き合いが長かった彼女（現在の妻）に対しては、「別の人と幸せになってくれ」と。自分のことで、これからの彼女の人生に重荷を背負わせるのはほんとうに忍びないという思いでした。両親と彼女に対する気持ちは、日を重ねるごとに強くなっていきましたね。

冨樫　私は助けてもらえると思っていたから、「家族には迷惑をかけてしまうな」とは思いましたけど。休みが明けたら、多田さんと同じように「あの仕事は誰かがやってくれているんだろうな」とか。でも、それも1、2日ぐらいなんですよね。そのあとはあんまり仕事のことは心配しなくなりました。

多田　そう。あれは不思議ですよね（笑）。

冨樫　「なかなか助けにきてくれないな」という思いが強くなったのは、2週目に入ったぐらいからですかね。私のいたところはかなり急なガレ場だったので、木はそれほど密ではなかったんです。だから、上を飛んでくれたら絶対見つかるはずだと思っていたんですね。ヘリが来たら、折り畳みの傘を開いてこう振ろうという準備までしていたんです。ヘリが飛んでいる音は聞こえるんですよ。でも、なかなか自分の上を飛んでくれなくて。そのうち「俺のところを避けて飛んでいるのか」という苛立ちまで覚えるようになってきましてね。

多田　私がいた場所は木々が茂っていて、日中に日が射すのもほんのちょっとの時間だけでした。沢の流れもすごい音量なんです。笛を持っていたので、最初のころは登山者が登る時間帯と下りる時間帯にがんばって吹いたんですが、おそらく沢の音にかき消されていたと思います。「助かりたい」という願望からか、ヘリコプターの飛ぶ音も聞こえました。結局は幻聴だったんですけど。私が遭難するちょっと前に、埼玉でヘリの墜落事故があって、飛行を制限していたみたいなんです。救助の際にはヘリが来てくれたんですが、捜索時には一切ヘリは飛ばず、地上から捜してくれていたようです。

冨樫　死ぬかもしれないとは考えないようにしていました。十数日経つと、やっぱりそういう思いがちらちらよぎるんですよ。いったん考えはじめたら、頭の中はそのことでいっぱいになるんじゃないかという不安があったから、できるだけ排除して、絶対に助かるんだという気持ちでずっといました。

多田　1週間ぐらい経ったタイミングだと思いますが、自分の足がもう見るに堪えない状態になってまして。あれだけは今でも忘れられないんですが、自分の足から腐乱臭がするんですね。肉の腐った臭いが。体力ももう限界にきてましたし、救助も来ないと。いっそこのまま死んでしまったほうが楽なのでは、という思いに至ってしまったんです。ただ、臆病だったのが幸いしたと思うんですけど、自ら命を絶つことはなかなかできなくて。沢に流されてしまえば死ねるかもしれないとか、岩に頭を打ち付ければ死ねるかもしれないとか、いろいろ考えはしたんですけど、弱さなのかどうかわかりませんが、そこまではできませんでした。で、次の日もまた次の日も目が覚めるじゃないですか。そうすると「人間て意外と死なないものだな」と感じて、「死ぬなら死ぬでしょうがない。だったら死ぬまで生き続けてみよう」と、逆にポジティブな気持ちになれました。

遭難して1、2日目の夜は、寝ることに対する恐怖、このまま目覚めないんじゃないかという恐怖があったんです。それが、苦しい状況下でも翌日にまた意識があることを繰り返すうちに、「あ、まだ生きていられるんだな」という逆の発想になったのを強く感じました。

間一髪の救助と自力脱出
幸運が重なって助かった命

冨樫　足の痛みはどうでしたか？　慣れることはないと思いますが。

多田　触れれば痛いんですよ。でも、それよりも厳しかったのは寒さです。8月なのに、明け方になると沢の上流のほうからエアコンのような冷気が流れてくるんですね。私も折り畳みの傘を持っていたので、傘を風上のほうに立てて、その陰で、左足をかばうようにして、横になって丸まっていました。着られるものは全部着て、レジャーシートを体に巻いて、傘で冷気を遮って、なんとかしのげた感じです。救助されたとき、手は凍傷に近い状態になっていました。

冨樫　私は北海道出身なので、寒さにはけっこう強いほうなんです。東京で暮らしていたときも、冬でも「寒い」と感じたことはほとんどありませんでした。それと、パンツやシャツなど4回分の着替えを持っていたのがよかったです。滑落したときは短パンとTシャツに雨具を着ていたんですが、3日目ぐらいまではそんなに寒くはなく、そのままの格好で過ごしていました。5、6日目になるとだんだん寒くなってきたので、とりあえず傘をさして、地面すれすれに立てて、その下にうずくまるようにしていると、けっこう風避けになって保温効果もあるんですね。それでも厳しくなってきたときに、着替えを重ね着しました。その格好でしばらくいて、8日目か9日目ぐらいですかね、夜中の12時を回るころから寒さに耐えきれなくなったので、ずっと乾布摩擦をしていました。

多田　それは私もよくやった覚えがあります。自分で自分の体をさするのがすごく効果的でした。

冨樫　谷間だから、朝10時ぐらいにならないと日が射さないんですよ。そして午後4時ぐらいにはもう暗くなってしまって。だから太陽が出るまで、ずっと乾布摩擦をしているわけですが、さすがに疲れてくるんですね。でも、手を休めるとだんだん寒くなってくるからやめられないんですよ。やっと太陽が出てきて、ほっとして、そこで仮眠をとるという生活でしたね。

多田　弱っていたからだと思うんですけど、日の光というか、太陽のエネルギーのすごさを私は感じました。太陽光を浴びることによって、体に活力が湧いてくるんです。ただ、日に当たると気持ちがよすぎて、ふっと意識が落ちてました。服を乾かさなきゃと思って、日の当たっている岩場まで行くと、自分が日に当たって意識が落ちてしまうと（笑）。あれは不思議な感覚でした。

冨樫　私の場合も後半は寒さとの闘いでもあったので、太陽が出てくれるとすごくホッとしましたね。

多田　褥瘡《じょくそう》はできませんでしたか？　私は最後の1週間ぐらいはまったく動けず、同じ姿勢でいたために、ひどい褥瘡になりました。ずっと岩場にいたので、皮膚が部分的に擦れてしまって、骨まで見えるぐらいだったらしいんです。入院中はその消毒で散々痛い思いをしました。

冨樫　寝返りはうっていたから、それは大丈夫でした。私がいた場所は土の上だったんですが、長いこと横になっていると、石とかが体にゴツゴツと当たって痛いわけです。だから、居心地をよくするために、その石を少しずつ少しずつどかしていました。あと、けっこう傾斜があったんで、なにもしなくてもずるずると滑り落ちていくんですよ。それが気持ち悪いので、枯れ木で地面を掘って窪みをつくって、安定するようにしたり。土を掘ると水が滲み出してくるから、枯れ葉を集めて敷いて。そばの枯れ葉がなくなると、ちょっと遠くへ行って集めてきて。最初のうちは四つん這いで移動していましたが、少しずつ立って歩けるようになる練習をしました。ストックを突いて立って歩く練習は、10日間ぐらいずっとやっていました。

多田　背骨を骨折していても、立てるものなんですか？

冨樫　長くはできないんですよ。でも、10日目を過ぎると、それなりに歩けるようにはなっていました。そういうタイミングもあって、「自分で脱出しよう」と考えたんですよね。腰の痛みがもっとひどかったら、動けずにあそこにいたと思います。

また、夜中に乾布摩擦をして昼間にうとうとする生活も辛くなってきて、「これはもう精神的に限界だな」と思ったんですね。気がついたら、いつの間にかヘリの音も聞こえなくなっていて。島根の出雲大社は縁結びの神様なんですよ。それまでは毎日、出雲大社がある北西方向に手を合わせ、「ヘリを私の真上に飛ばしてください」と拝んでいたんですけど、「ああ、これはもうダメだ」と。「私はヘリと縁がなかったんだな」と思いました(笑)。「じゃあしょうがない。自分で上がろうか」と。

救助を待っている間、地図と周囲の景色を照らし合わせながら、「自分はこのあたりにいるはずだ」とだいたい見当をつけたんですよ。で、時計の高度計を見ると、その場所の標高が1150メートルで、近くを通る登山道が1450メートルのところだったんです。自分の見当が合っていれば、300メートルぐらい登れば登山道にたどり着くわけですよね。

多田　その状態で300メートル登るのはかなり大変なことですよね。

冨樫　もしまた落ちたら命はないだろうから、時間がかかってもいいと思いました。そのときは2日かかるんじゃないかと計算しました。せっかく上がるんだったら、登山者の多い土日に登山道に出るように、木曜日か金曜日に出発すればいいと。で、決断したのが木曜日だったんですが、その日はあいにく曇り空で寒かったんです。なので体も硬直しているし、腰の痛みもひどかったから諦めました。次の日は朝からどんよりとした曇り空で、「今日もダメかなあ」と思っていたら、昼ごろになって雲がすーっと切れて晴れてきて。そのときはなにも考えず、「晴れた。よし、行こう」という感じで、荷物をまとめて登りはじめました。

――そして計算どおり土曜日に登山道に出て、行き合った登山者に救助されたのでしたよね。多田さんは救助を待つ間に、沢に流されそうになったそうですね。

多田　10日目か11日目の夜に、山の上のほうで雨が降ったようです。沢の水線ぎりぎりのところで横になっていたものですから、寝ていて気づいたら水の中でした。ゴボゴボしながらなんとか這い上がっていって、ことなきを得ましたけど。それから救助隊の方に見つけていただいたときも大雨で、ストレッチャーに乗せられて救助されているときに、みるみるうちに水位が1メートル近く上がっていきました。あのタイミングで見つけてもらえなければ、流されて土左衛門になっていたと思います。だから、生かされたのかなという感覚が強いんです。運がよかったとしかいえませんよね。

冨樫　私も、崖から落ちたのはしょうがないとして、そのあとはいろんなことで幸運が重なったんだろうなと思います。どれかひとつでも欠けていたら、もしかしたらダメだったかもしれません。そういう意味で、神様に生かされたのかなという気はしましたね。

多田　冨樫さんの場合、湧き水がたまたまそばにあったのはほんとうに偶然だし、私も滑落先に沢がなければ水を確保できなかったでしょうし。それこそ滑落したときに頭でも打っていたらと考えると、どれひとつとっても運がよかったのかなあと思います。

なぜあのとき引き返さなかったのか

——壮絶な体験を通して、その後の人生でなにか変化したことはありますか？

多田　私は覚えていないんですけど。ＩＣＵに運び込まれて、翌朝、家族と対面したときにいちばん最初に言った言葉が、「ご迷惑をおかけして申し訳ありませんでした」だったそうです。救助されて救急車に運び込まれたときも、救助隊の人に「ほんとうにありがとうございました」と言っていたそうです。家族には「救助された直後は悟りを開いたかのようだった」と言われましたが、あのときはすべてのことに感謝していました。

まあ、また日常生活に戻ると、そういう感覚が徐々に薄れてきたのは正直なところではありますが（笑）。救助されたあと、人からは「もう辛いことや苦しいこともないでしょう」と言われましたが、やっぱり嫌なものは嫌ですし、面倒くさいな思うこともあるし、人に対してちょっとイラっとすることもあるわけです、人間社会で生きているかぎりは。でも、思い返すとあの経験は、感謝の気持ちを呼び覚ましてくれる出来事だったような気がします。やはり人生の転機にもなりましたし、自分としては30歳の節目で第二の人生を授かったという思いもありますし。家族や友人、救助隊の方、治療してくださった病院の方たちのおかげで今、元気に生活ができているわけですから。

冨樫　入院中に家内と下の子供が病院に来たんですが、子供が泣き崩れたときにはさすがに「心配かけたな」と思いました。「迷惑をかけた」とは思っていたけど、そこまで心配をかけることをしたという実感は正直なかったんですよ。「たかが2週間じゃないか」という感覚だったんで（笑）。自分なりに考えたとおりに行動して、見当をつけた現在地もほぼ当たっていて、想定したとおり登山道に出て、「しめしめ。思ったとおり帰ってこられた」ぐらいに思っていましたから。

だけど、実は10日目で捜索が打ち切られて、家族ももう諦めるしかないと覚悟を決めていたそうです。家内は「これからはパートではなく正社員として働かなければならないわね」と思ったそうですが、そういう話を聞くと、そうとう辛い思いをさせてしまったことがわかって、「いや、ほんとうに申し訳ない」

と。「やっぱりとんでもないことをしてしまったんだな。これは自重しなきゃ」という思いでいっぱいになりました。

多田　遭難中は、家族やまわりの人たちが、同じ時間をどう過ごしているのかということまでは考えが至らないじゃないですか。実際に生還できて、そのことを聞き及ぶにつれ、それぞれほんとうに大変で苦しい2週間を過ごしていたんですね。父親はご飯がほとんど喉を通らず、毎朝お寺に行ってお参りをしていたという話を聞くと、申し訳ないことをしたと思いましたし、感謝の気持ちも湧いてきました。彼女にもとても苦しい思いをさせてしまったという思いがあったので、もう二度と心配をかけるようなことはしないと、ご両親と約束しました。また、会社を休んで秩父の山まで捜しにいってくれた友人もいました。だから人とのつながりを再認識できたというか、人のつながりの大切さというものを、事故を通して強く感じることができました。ただ、もし自分の子供に同じことがあったら、たぶん私は耐えられないと思いますね。

冨樫　生還して、まわりからそうとうどやされるんじゃないかと思いましたけど、「ほんとうによかったね」と言って温かく迎えてくれたことがなにより嬉しかったですね。

——改めて事故を振り返ってみて、反省点や教訓がありましたらお教えください。

多田　基本中の基本ですが、引き返す勇気を忘れてしまうとエラい目に遭うというのを体感した出来事でした。少しの時間を惜しんだために、それこそ2週間という長い期間、大変な思いをすることになってしまったと。1日の心配で済むところが、14日間心配させてしまったのは、大いに反省すべきだと思いました。

冨樫　絶対に無理をしてはいけないということだと思います。迷ったら引き返す、それに尽きるのかなと。あと、私はライターやマッチを持っていなかったんですよ。それがあれば、枯れ葉を集めて火をつけて狼煙《のろし》を上げられたので、状況は全然違っていたと思います。いざというときに役に立つ装備は、ちゃんと持っていないとダメだなと。それが完全に抜け落ちていました。自分が遭難するなんて、まったく考えてもいませんでしたから。あと、島根に来て単独で10回ぐらいは登っているので、慣れみたいなものがあって、それがよくなかった気がします。そんなに難しいルートではないという油断もあって、慢心につながったんじゃないかと感じます。

多田　戻っていれば、ってほんとうに思います。あのときの自分に言ってやりたいです(笑)。なぜあそこで無理をしてしまったのか……。

冨樫　私も同じです。なんであのとき戻らなかったんだと心から思います。今でも覚えてますけど、バスや飛行機の時間ばかりが頭の中にあって、戻るという意識はまったくありませんでした。それだけは断言できます(笑)。

それが選択肢になかったのは、最悪だったと思います。

でも、人間て、辛いことはすぐ忘れるんですよね。遭難中、夜空がきれいで、「こんなきれいな夜空は何十年ぶりに見ただろう。いや、ほんとうに贅沢だなあ」なんて思ったりしてですね（笑）。そういったことばかり思い出されるんですよ。だけどメモを見ると、「体が痛い」「腰が痛い」「動けない」「早く助けにこい」といった愚痴がいっぱい書いてあるんです。助かったらそんなことは忘れちゃっているんですね。私が楽天家すぎるのかもしれないですけど。

多田　富樫さんがおっしゃるように、人間て苦しさとか痛みを忘れられるから、生きていけるのかなって思うんですよね。たしかに大変な出来事だったけど、あの事故を通して家族のつながりを深めることもできましたし。今は、事故後の人生のなかでいろんな出来事が重なってきて、結果的に自分のなかで克服できているというか、思い出のひとつになっている状態なんだろうなと思っています。

——今日は貴重な話をどうもありがとうございました。

（取材日＝２０１７年９月22日）

2章

CASE

北アルプス 不帰ノ嶮

8日間

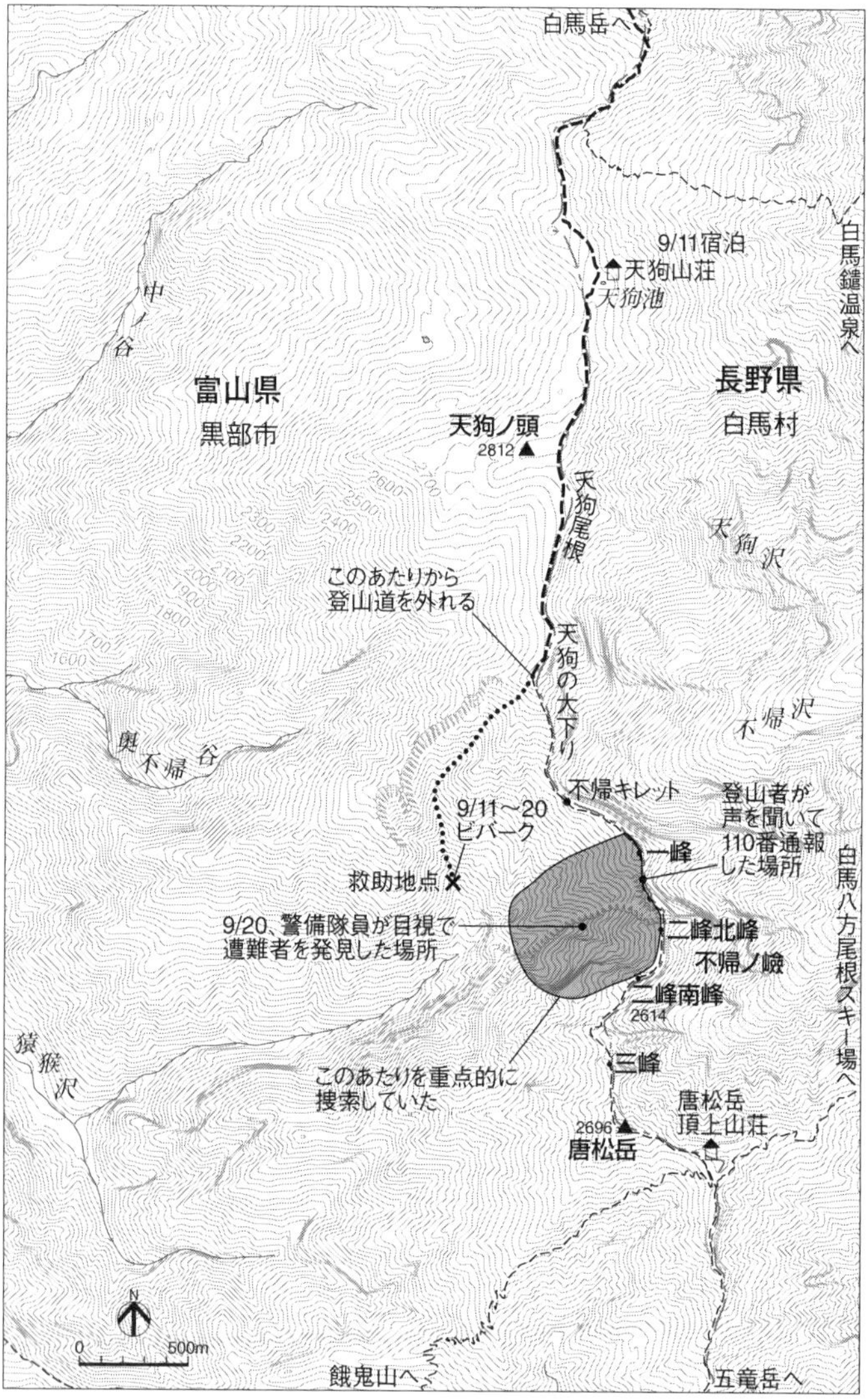
白馬岳へ
9/11宿泊
天狗山荘
天狗池
白馬鑓温泉へ
中ノ谷
富山県
黒部市
長野県
白馬村
天狗ノ頭
2812
天狗尾根
天狗沢
このあたりから
登山道を外れる
天狗の大下り
不帰沢
奥不帰谷
不帰キレット
登山者が
声を聞いて
110番通報
した場所
9/11～20
ビバーク
一峰
救助地点
白馬八方尾根スキー場へ
9/20、警備隊員が目視で
遭難者を発見した場所
二峰北峰
不帰ノ嶮
二峰南峰
2614
猿猴沢
三峰
このあたりを重点的に
捜索していた
唐松岳
頂上山荘
2696
唐松岳
0
500m
餓鬼山へ
五竜岳へ

低い山から高い山へ、無雪期から積雪期へ、易から難へと、登山は徐々にステップアップしていくものだと教えられた。1970～80年代のことだ。山岳会や山岳部に所属していたわけではないが、山の技術書や山岳雑誌にも、たいていそのように書いてあった。

しかし、今はそうでもないらしい。律儀にステップアップしていく必要はなく、「登りたい山に登ればいいんじゃない」と思っている人も少なくないようだ。

運動能力や登山のセンスといったものは、人それぞれで千差万別である。それらが高いレベルで備わっている人だったら、難易度の高い山にいきなり挑むというのもありだろう。登りたい山に対して明らかにスキルが不足しているというような場合でも、プロフェッショナルな山岳ガイドにサポートしてもらって登るという手がある。

自分の実力を磨いていったり、山登りの幅を広げていったりするには、いろいろなやり方がある。段階的にステップを踏まないやり方が誤っているとは、一概にはいえない。〝多様性〟が尊重される今の時代には、「登山は徐々にステップアップしていくべきだ」とするのは、古い固定観念なのかもしれない。

ただ、自分の実力に見合わない山に登ろうとして遭難してしまう人があとを絶たないのも、また事実である。〝山では死なない程度に痛い目に遭ったほうがいい〟ともいわれているが、自分の技術や体力を顧みない無謀なチャレンジで命を落としてしまっては、元も子もない。スキルアップの方法はさまざまあれど、最も確実でリスクが小さいのは、地道にステップアップしていくやり方なのかとも思う。

岩井一伸（仮名・49歳）が選択したのも、古くから多くの登山者が実践してきたオーソドックスな方法だった。

そもそもの始まりは、2003（平成15）年ごろからひとり気儘に車で東北を回りだしたことだった。しばらくは観光地を巡ったり温泉に浸かったりして楽しんでいたが、長年通っているうちに、主だったところはほぼ行き尽くしてしまった。では山にでも登ってみるかと思い立ち、ゴツめのスニーカーを履いて、比較的容易な八甲田《はっこうだ》山や岩木《いわき》山などに登りはじめた。

山に関してはまったくの素人だったが、両親が一時期、山にハマっていて、話を聞いたり、デジカメで撮った写真の処理を手伝ったりしていたので、山の魅力はなんとなく理解していた。そして実際に山に登り、景色のいいところでご飯を食べるなどしているうちに、「山もいいなあ」という思いが強くなっていった。

いくつかの山に登る計画を立てて東北に向かった18（平成30）年秋のある日、雨が降ったために予定していた山に行けなくなり、盛岡のイオンモール内にあるモンベルショップをぶらぶらして暇をつぶしていた。店員から声をかけられたのは、何気なく登山靴を見ていたときだった。翌日は早池峰山《はやちねさん》に登るつもりだということを話したら、「ちゃんとした登山靴を履いたほうがいいですよ」と言われ、その場で購入した。

次の日、その靴を履いて早池峰山に登って以降、本格的に登山を始めた。最初の1年ほどは、秩父の三峰山《みつみねさん》、奥武蔵の横瀬二子山《よこぜふたごやま》など、東京近郊の低山を中心に山行を重ねていった。20（令和2）年からは奥秩父の金峰山《きんぷさん》や日光白根山《にっこうしらねさん》など、2000メートルオーバーの中級山岳へ足を向け、21（令和3）年には山小屋デビューを果たした。

「山小屋に泊まって、北八ヶ岳《きたやつがたけ》や甲武信ヶ岳《こぶしがたけ》などに登りました。朝、雲海を見ながら登ったりして、『ああ、小屋泊まりの登山っていいなあ』と思ったんです。そのあたりで完全に山にハマりましたね」

そう岩井は言う。

世はコロナ禍の真っ只中だったが、そこそこ登山者はいた。22（令和4）年になると、八ヶ岳の赤岳《あかだけ》、南アルプスの甲斐駒ヶ岳《かいこまがたけ》・仙丈ヶ岳《せんじょうがたけ》など、標高の高い山にもチャレンジしはじめた。

登山の知識や技術は主にネットを見て学んだ。登山用具は試行錯誤しながら少しずつ揃えていった。山に行くのは基本的に3～11月の無雪期で、冬山はやらない。毎月1回は必ず行くようにしており、休みがとれれば月2回行くこともある。ただし人出が多い週末や休日は山行を控える。いつも単独行なのも、自分のペースでじっくり登りたいからだ。勤めている会社にも山をやっている人はいるが、ペースが速そうなので、足を引っ張ってしまうのではないかという不安があり、いっしょに行ったことはない。

セオリーどおり、低い山、易しい山からスタートし、徐々にステップアップしていったのは、元来の慎重な性格に加え、単独行であることの用心深さによるものなのだろう。

段階的に経験を積み、次はいよいよ北アルプスだ、と決めたのが23（令和5）年のこと。まずはそれほど難易度が高くない、大勢の登山者が登っているポピュラーな山がいいだろうと考え、白馬岳《しろうま》をチョイスして計画を立てた。その前に、トレーニングのつもりで南アルプスの北《きた》岳に登った。また、本番直前の足慣らしとして、一ノ沢から常念《じょうねん》岳を往復した。それが岩井にとって初めての北アルプスとなった。

9月10日の日曜日、朝6時ごろ車で自宅を出発し、栂池《つがいけ》高原スキー場には10時ごろ着いた。スキー場の駐車場に車を停め、ゴンドラとロープウェイを乗り継いで栂池自然園へ上がり、ビジターセンターで登山届を提出した。登山届は2通作成し、もう1通は両親と同居する自宅に置いてきた。

栂池ヒュッテで昼食を摂り、行動を開始したのが12時過ぎごろ。計画は白馬大池から白馬岳、唐松岳《からまつ》へと縦走して八方尾根を下る2泊3日の行程で、11、12日は有給休暇をとっていた。

日曜日の昼過ぎという時間帯だったので、下山してくる何人もの登山者とすれ違った。逆に白馬乗鞍岳《はくばのりくら》方面に登っていく人はほとんどいなかった。朝のうちは晴れていた空には徐々に雲がかかってきて、白馬大池に着いた午後3時前ごろから雨がぱらついてきた。この日泊まった白馬大池山荘も空いていて、4人ほどの就寝スペースを独り占めすることができた。

翌朝はあたりが明るくなった5時半〜6時ごろの間に山小屋をスタートした。空一面は雲に覆われていて、「今日一日、天気がもつかな」と思ったが、だんだんと雲がとれてきて、目指す白馬岳も見えてきた。いっとき、雨がパラパラと落ちてきたが、雨具のジャケットを着たらすぐにやんでしまった。荷物の軽量化を図るため、昼食はなるべく山小屋などで提供されるものを摂るようにしていたので、この日の昼食も村営白馬岳頂上宿舎で食べた。

前日同様、天狗山荘には3時前に着いた。宿泊客は岩井を含めて10人弱。前夜、白馬大池山荘に泊まっていた単独行男性もいっしょだった。

翌12日の朝、やはり唐松岳へ行くというその男性に「また唐松で会いましょう」と声を掛け、5時50分に山小屋を発った。出発してすぐ、「これより不帰《かえらず》方面唐松岳までのコースタイムは4時間半から5時間です」と書かれた案内板を見送り、ほぼ平坦な尾根をたどっていった。天気は高曇りで、向かう稜線の先には槍《やり》ヶ岳へと連なる北アルプス南部の山並みが見えた。八ヶ岳や南アルプス、富士山などの山々も、シルエットとなって雲海の向こうに鎮座していた。

およそ1時間後、「ここより天狗《てんぐ》の大下り」という標識が現われたので、写真を撮り、この山行のために購入したヘルメットを被って下りにとりかかった。だが、その直後、鎖場を過ぎたところでミスをした。登山道は斜面を左方向に巻くように付けられているのだが、直線方向に続いているガレ沢に入り込んでしまったのである。

天狗の大下りというのは、天狗ノ頭から不帰キレットへ向かう途中、標高差約300メートルの急斜面を一気に下る難所で、岩井の頭には「とにかくひたすら下っていくんだ」という先入観があり、左へ巻いている登山道はまったく目に入らなかったという。

登山道を外れて約1時間後の7時44分、ルートを間違えたことにはまだ気づかず、家族に「厳しいところだよ」というメールを送信した。このときまではまだ電波が届いていたが、その後は圏外となり、携帯電話はまったく使えなくなった。

装備品	服装	半袖Tシャツ、長袖ポロシャツ、裏地付きソフトシェル、ウインドブレーカー、下着、中厚手長ズボン、厚手の靴下、ハイカット登山靴
	登山用具	40ℓザック、ザックカバー、雨具、ヘルメット、LEDライト、ホイッスル、インナーシーツ、タオル、歯ブラシ
	食料	天狗山荘の弁当（おにぎり2個、おかず）、カロリーメイト半箱(2枚)、クリーム玄米ブラン1パック(4枚)、ベルギーワッフル1個、柿の種小袋1個、ベビースターピーナッツ入り小袋1個、ミックスナッツ小袋1個、ミックスナッツ三角パック3個、ラスク1個（2枚）、災害用非常食ビスケット1個、ドライフルーツ（オレンジ）20粒程度 500mℓペットボトル2本、600mℓペットボトル(未開封)

下っていったのは、岩がガラガラと堆積する急峻な涸れ沢で、険しいわりには鎖やハシゴも付けられていなかった。「北アルプスの一般ルートというのはこんな厳しいものなのか」と思いつつ、さらに2時間近く、ジグザグを切りながら夢中になって下り続けた。

しかし、ふと顔を上げたときに、左手に特徴的な山の稜線が見えた。それは、計画を立てるときに何度か写真で見ていた不帰ノ嶮《けん》と不帰キレットそのものだった。このときに初めてルートを間違えていたことに気がついた。岩井が下っていたのは、黒部川の支流である祖父谷《じじだに》のさらに上流部、猿猴《えんこ》沢源頭部の沢であった。

登山道を外れてからすでに3時間近くが経

過していた。時間的にも体力的にも大きなロスだったが、引き返す以外の選択肢はない。岩井は下ってきた急なガレ沢を、黙々と登り返していった。

岩壁に突き当たったのは、登り返して2時間ほど経ったときだった。岩棚の上をカニのように横這いになって移動し、段差のある岩棚に足を上げ、荷重をかけてその上に乗ろうとした。「なにか嫌な感じがする」と思った瞬間、砂礫で足がズルッと滑った。そのまま腹這いの状態で斜面を滑り落ち、2、3メートルほど落ちて止まった。

なんとか起き上がってみたが、右足首に強い痛みが走った。右足の脛に負った裂傷からはかなりの出血があり、右肘には打撲による腫れと内出血も見られた。

このときのことを、岩井はこう振り返る。

「頭をよぎったのは、『ああ、やっちゃったな』ということでした。もう今日中には絶対に帰れないから、いろんな人に迷惑をかけてしまうなあと思いました」

右足首の負傷は捻挫か骨折を疑ったが、どうにか歩くことはできたので、強度の捻挫だろうと判断した。その場所は、ときおり小石がパラパラと落ちてきたことから、ちょっと下にあった、岩が積み重なって庇のようになっている岩陰へ移動した。

冷静になるため、ちょうど昼どきでもあったので、天狗山荘でつくってもらった弁当に手を

この狭い岩陰で4日間過ごした

飲み水は水滴を集めて確保した

岩場は雨水の通り道となった

13日、捜索のヘリが見えた

つけた。しかし、緊張しているせいか、2個あったおにぎりを1個食べるのがやっとだった。

さてこれからどうするかと考えたが、足を負傷してしまった以上、登り返すことはできない。この場所で救助を待つ以外、やれることはなさそうだった。

山小屋で昼食を提供していない場合に備えて、食料は多めに持ってきていた。改めて確認してみると15、16回分、つまり5日分ぐらいはあった。

「それを全部食べてしまっても、数日は生きていられるだろうから、これ以上大きなケガをしなければ、1週間ぐらいはもつなと思いました。だから『ヤバい、死んじゃうかも』という恐れはありませんでした。とにかくがんばって生き延びようという感じでしたね」

水は1リットル以上残っていたが、万一のために岩の間から滴り落ちる水を空のペットボトルに溜めておいた。500ミリリットルのペットボトルは2時間ほどでいっぱいになった。

前夜泊まった天狗山荘で、同宿者と「今年は遭難事故が多いですよね」という話をしていたことが思い起こされた。その翌日にまさか自分が当事者になるとは、思ってもいなかった。しかもその話を切り出したのは自分だった。「あんな話をしていたのに、自分が遭難しちゃったな」と思うと、なんともいえない複雑な気持ちになった。

ツエルトは携行していなかったので、所持しているものを活用してのビバークとなった。体を起こしているときは、荷物を入れたままのザックを背中のクッションにして、もたれかかっていた。日が落ちるころに弁当の残りのおにぎりを食べ、6時過ぎには持っているウェアを全部着込んで横になった。仰向けになると寒くて寝られなかったので、横を向いて丸まるようにして眠った。

13日は朝5時過ぎから起き出した。6時40分ごろ、不帰キレットのあたりからヘリコプターのエンジン音が聞こえてきたが、機体は見えなかった。8時過ぎには、山小屋に物資を運んでいるらしいヘリが頭上を通過したので、手を振るなどしたが気づいてもらえなかった。

登山口と自宅に登山届を残してきたので、遅かれ早かれ捜してもらえるはずだという確信はあった。のちにわかったことだが、両親は下山予定日だった12日の夜に捜索願を届け出ており、ヘリによる捜索はこの日の朝から始まっていた。

昼過ぎと夕方にも稜線付近を飛ぶヘリが確認でき、たぶん自分を捜してくれているのだろうと思った。ただ、距離はだいぶ離れており、自分がいる沢のほうまで飛んでくることはなかった。

翌14日も昼過ぎにヘリを目視できたので、黄色い蛍光色のザックカバーを振り回したり、オレンジ色の雨具を着たまま大きく手を振ったりしたが、やはり気づいてもらえなかった。ヘリが確認できたのは、この1回だけだった。

13、14の両日は、動ける範囲で周辺を偵察しただけで、ビバーク地点からほぼ動かずにいた。14日の夜は雨が降り、2時間ほどすると雨水があちこちの岩の隙間から流れ出してきて滝のようになってしまったため、沢筋を避けた岩の上でやり過ごした。

この2日間、ヘリで捜索してもらっているのに見つけてもらえなかったのは、場所が悪いせいだろうと考えた。

「そこは谷が深くて狭い場所だったたし、不帰ノ嶮からは尾根を1本挟んでいて見えない位置だったので、こちらからヘリは見えるけど、ヘリからは見つけにくいのかなと思ったんです。また、雨が降ると雨水の通り道になっていたこともあり、15日に場所を変えることにしました」

移動するにあたっては、登るべきか下るほうがいいのか、ずいぶん迷った。「山で道に迷ったら沢を下ってはいけない」という鉄則は、いろいろな登山関連の本に書いてあったので、頭の中に入っていた。しかし、負傷した足では、とても登り返していけそうになかった。迷った挙げ句、発見してもらうためには下っていくしかないと判断した。

移動を開始したのは午後2時過ぎ。12日に登り返してきたガレ沢を、再び下っていった。滑落しそうな岩場では、先にザックを投げ落としてから、尻で滑り下りた。

3時50分ごろ、ルートミスに気づいたあたりまでなんとか下りてくることができた。ここからは不帰キレットの登山道が見えたので、発見される可能性も高まるだろうと考え、ここに留まることにした。翌日からは敬老の日絡みの3連休が始まり、登山者も多いだろうから、そこに賭けてみようという思いもあった。

しかし一夜が明けた16日は朝から稜線に雲がかかっており、結局、ヘリは一度も飛んでこなかった。雲の中にある不帰キレットのほうに向かって、1時間おきぐらいに「おーい」「助けてくれー」などと叫んだりホイッスルを吹いたりしてみたが、なんの返答もなかった。

17日の早朝、不帰キレットのあたりにヘッドランプの灯りが見えたので、大声で叫びながら手持ちのLEDライトを点滅させて合図を送った。すると向こうからもライト点滅の応答があったので、気づいてもらえたかなと思った。しかしその後はなんの進展もなく、よくよく考えてみれば、行き交う登山者のヘッドランプの灯りが見え隠れしていたのを、自分が勘違いしてしまっただけのようだった。

だが、待望の瞬間は、しばらくして訪れた。この日は天気が回復し、スマホのカメラをズームにすると、キレットを行き来する登山者がよく見えた。彼らに声が届くことを願い、朝から約30分〜1時間おきに「助けて」コールを繰り返していた。登山者のひとりがその声に反応し、「お待ちくださーい」というコールを返してきたのだった。

岩井は「ありがとー」と返答し、続いて自分の名前を大声で告げた。その後、1時間もしないうちにオレンジ色のヘリ(富山県消防防災ヘリ「とやま」)がやってきた。入れ代わりでブルーのヘリ(富山県警ヘリ「つるぎ」)も飛んできて、日没までに計4回のフライトを確認した。しかし、捜索しているのは主に稜線付近のほうで、自分がいる沢のほうにはやってこなかった。

ただ、午後4時過ぎごろから、「おーい、そこは安全ですかー」「名前を教えてー」「水はあるかー」「ツエルトはあるかー」といった呼び掛けが断続的に聞こえてきた。声の主は、ヘリが稜線上に降ろした、富山県警の山岳警備隊員だろうと推測した。

呼び掛けは「絶対見つけるぞー」「がんばれー」「諦めるなー」などと続き、「自分を励ますためにその場に残ってくれたんだ」と、とても心強く思えた。

スマホはずっと圏外だったため電源を切っていたが、ときどきは立ち上げて捜索ヘリや不帰ノ嶮などの写真を撮った。モバイルバッテリーも持っていたので、数回充電してもたせていたが、それでも17日の夜にとうとうバッテリー切れとなってしまった。

不帰ノ嶮を通過していた登山者から、「富山県側から助けてという声が聞こえる」という110番通報が富山県警に入ったのは、この日の午後0時2分ごろのことだった。これを受けて「とやま」と「つるぎ」が交互に出動して、捜索が始まった。実はこれより前の13日に、栂池高原スキー場の駐車場に車が停められたままだとのことで、長野県警から応援要請があり、富山県警でも偵察のため「つるぎ」を飛ばしていた。しかしそれは一度だけで、この日までは主に長野県警が捜索に当たっていた。

午後3時45分、山岳警備隊の隊員3人が不帰ノ嶮の三峰付近に降下し、「おーい」などと声掛けしながら二峰に向かって稜線をたどっていった。降下地点では、声っぽいものがなんとなく聞こえていたが、二峰に近づけば近づくほど、たしかに声が聞こえるようになってきた。声は下の谷のほうから聞こえてきたので、稜線を外れて富山県側の谷筋を下りていったら、今度はなにも聞こえなくなってしまった。「あれっ?」と思って稜線のほうに登り返していくと、また声が聞こえてくる。会話は、「はい」「いいえ」ぐらいのやりとりがなんとかできる程度で、明確な意思疎通はできなかった。午後5時ごろになり、日没が近づいてきたため、地上からの捜索は打ち切り、ピックアップされた「つるぎ」で上空からの捜索を行なったのち、富山空港に帰投した。

18日は朝6時過ぎに隊員2人を不帰ノ嶮の二峰北峰に投入して声掛けを開始した。その後、2人を増員し、不帰キレット～天狗の大下り方面の稜線上と、二峰北峰から富山県側へ延びる枝尾根の2班に分かれて夕方4時過ぎまで捜索を行なったが、発見には至らなかった。

この日、4人の隊員は富山に戻らず、唐松岳頂上山荘に泊まって、翌19日も朝から捜索を行なった。天気が悪かったため、ヘリは午前中に「つるぎ」が2回飛んだだけだった。このヘリでさらに隊員を地上に投入する予定だったが、ガスがかかっていたため稜線には近づけず、隊員が「つるぎ」からホイスト（ヘリに搭載されたウインチの一種。ホバリング状態のヘリからワイヤー操作して人員や物資を昇降させる）にぶら下がっての捜索を実施した。昼ごろには地上班の4人をピックアップし、全員がいったん撤収した。

午後も天気は回復せず、捜索は午前中のみで打ち切られた。天気予報は翌日も悪天候であることを告げており、ヘリでの捜索を行なえない可能性が高かった。そこで今後の救助方針について再検討し、長野県側から地上班を現地に向かわせることになった。

天気が崩れた19日は、救助を待つ岩井にとって長い一日となった。ヘリは昼ごろに一度飛来しただけで（注：実際には2回飛んでいるが、岩井が確認できたのは1回だけだった）、隊員

スマホのカメラをズームにすると、唐松岳山頂に立つ登山者が目視できた

ビバーク地点から不帰ノ嶮を望む

の姿も目視できなかった。こちらからはヘリが見えているのに、ヘリからは自分が見えていないのがもどかしかった。

午後になって、「ここも見つかりにくい場所なのでは」という不安が膨らみはじめ、再度の移動を決意した。

しかし、滑落した2日後ぐらいから、全身を打った影響なのか、左手に力が入らなくなっていて、ザックを背負うのにも苦労した。

「ザックの重さは7、8キロぐらいだったと思います。そんなに重くはないのですが、とにかく重く感じたので、少しでも軽量化するため、もう使うこともなさそうな着替えのウェアをそばの岩陰に置いて出発しました」

この1週間、山のなかでほとんど動かずに過ごしていたことから、体力も衰えていたのだろう、動きはじめてすぐに息が荒くなった。痛む足をかばいつつ、岩を掴む左手にも不安を抱えながら、約1時間半かけて、もっと稜線がよく見える場所まで慎重に下りていった。そこは、より開けた吹きさらしの斜面だったが、発見されることを最優先とした。

その日は夕方から長時間、雨が降り続いた。それまでは真夜中に降ることはなかったし、降っても夕方や宵の1、2時間ほどだったので、雨で寝られないということはなかった。しかしこの夜は断続的に雨が降り続き、靴の中の足先まで雨が染み込んできた。幸い体幹のほうまで濡れることはなく、低体温症にはならずにすんだが、辛い一夜であった。

翌20日の朝、最後まで残っていたオレンジのドライフルーツを一粒食べ、食料がすべてなくなった。不思議と「もっと食べたい」という欲求は湧いてこなかった。緊張していたからか、無意識にセーブしていたからなのかはわからない。腹はときどきぐぅ〜と鳴ったりしていたが、空腹は感じなかった。

前夜からの雨はいつの間にか上がり、天気は回復していた。雨で濡れた服や靴、靴下、ザックなどを岩の上に広げて乾かし、自分も岩に上がって日に当たり、着干しをした。ただ、午前中は一度もヘリが飛来せず、「今日は晴れているのにヘリが来ないな。どうしたんだろう」と若干不安になった。

午後2時過ぎ、オレンジ色の機体のヘリが飛んできて3時ごろまで捜索したが、発見されずに帰投していった。だが、間もなくして、今度はブルーの機体のヘリがやってきた。それまでの捜索では、ずっとヘリの側面しか見えていなかったのに、このとき初めてヘリが正面から見え、こちらに向かって一直線に飛んできた。それを見て、直感的に「ああ、やっと見つけてくれたんだな」と理解した。

この日の朝5時半、6人の警備隊員が車で富山を発ち、長野の白馬八方尾根スキー場へと向かった。7時半にスキー場の山麓駅に到着し、ゴンドラとリフトを乗り継いで、八方池山荘から八方尾根をたどっていった。唐松岳頂上山荘着は午前11時30分ごろで、準備を整えたのち、午後0時に山荘を出発し、捜索に取り掛かった。これまで声が聞こえてきた方向から、富山県側にいることは間違いないので、不帰ノ嶮の二峰北峰周辺を中心に、富山県側の尾根を1本ずつ、北側へ向かってつぶしていく作戦だった。地上部隊の動きに併せ、ヘリによる捜索も午後から開始された。

最初に「とやま」が飛び、入れ代わる形で「つるぎ」が現場に入った。通常、そのようなスイッチはあまりしないそうだが、機長の原田周平操縦士が、天候が悪化傾向であったことと、「とやま」の燃料が少なくなりつつあったことを見越して離陸させたのだった。

すでに遭難してからかなりの日数が経っており、このあと風が強くなって天気も荒れるという予報だった。そうなってしまうと、ヘリは飛ばせないし声も届かなくなる。隊員はみな、「これはなんとしてでも今日中に見つけなければ」という強い気持ちで捜索に臨んでいた。

地上で捜索していた谷本悠基隊員が岩井を発見したのは、まさにヘリが入れ代わった直後だった。

「双眼鏡で舐めるように谷筋を見ていたら、たまたまヘリの真うしろぐらいに遭難者がいたんです。『あ、こっちだったのか』と思いました。オレンジ色の雨具を着ていて、開けた沢の白っぽい岩の上にいたので、非常によく見えました」

そこは、それまで重点的に捜していた場所から数百メートルも離れたところだった。同じく地上から捜索にあたっていた柳本直樹隊員がこう話す。

「居場所がわかり、あんな遠くにいたのに、はっきり声が聞こえていたことが、逆にびっくりしました。あの声を聞いたら、もっと近くにいるものだと思ってしまいます。あんなに距離が離れているのに声が届くんだ、と思いました」

遭難者の位置情報は、谷本隊員が「つるぎ」の7時方向（左後方）だと明確に伝えてきたので、原田機長は、クルーが左側の窓から確認できるように、ヘリを真っすぐ後方に移動させた。最初は「どこだ、どこだ」と場所を特定できなかったが、原田機長が谷本隊員に「つるぎ」との位置関係を何度か無線で確認し、その都度クルーに伝えながら捜索したところ、グレーの谷筋のなかにオレンジ色のものがポツンと見えた。「つるぎ」に搭乗していた中村直弘隊員と佐伯真矢整備士は、その瞬間、「あー、いたいたいた！」と声を上げていた。

時刻は午後3時40分。ヘリがこちらに向かってきたのを見て、岩井が慌てて登山靴を履き、荷物をまとめていたときに、急に雨が落ちてきた。「雨が降っていては救助が中断されてしまうのではないか」と心配したが、ヘリはホバリングの体勢に入り、警備隊員がひとり降下してきた。

現場に降り立った中村隊員は岩井を一目見て、「思っていたより元気そうだな」という印象を受けた。大きな外傷もなさそうだった。「岩井さんですね」「よくがんばったね」「遅くなってごめんね」「ケガは大丈夫？」などと声をかけたら、それまでずっと張っていた気が緩んだのだろう、その場にへたり込んでしまった。

本来なら全身観察をして容体をチェックしなければならないのだが、雨足は強くなりつつあり、一秒でも早くピックアップしなければならなかった。救助に要した時間はわずか7分だったが、岩井を無事、機内に収容したときには、雨具を着ていなかった中村隊員は全身がびしょ濡れになっていた。

その間にも現場周辺では雨が強まり、雲も断続的にかかってくる厳しい状況となっていたが、瓦田秀和操縦士と佐伯整備士が周囲の気象状況を冷静に原田機長に伝え、現場近くにいた地上

ヘリから見た遭難者発見地点（写真2点＝富山県警察）

枝尾根を地上と空から捜索する

捜索班の隊員2人をホイストで収容した（現場に残ったほかの地上隊員は、翌日、徒歩で下山した）。そして雲の隙間を縫って現場を離脱し、黒部市民病院に直行したのだった。病院へ向かうヘリの中で、岩井が寒さで震えているると、それを見た佐伯整備士が「体温下がってそうだからヒーターを入れるよ」と言って、キャビン内のヒーターを点けてくれた。

病院到着後、岩井はすぐに集中治療室に入れられて、もろもろの検査を受けた。その結果、多発外傷、脱水症、低体温症、左上肢麻痺などと診断された。水は毎日しっかり飲んでいたにもかかわらず、脱水症と診断されたのは意外だった。左手に力が入らなかったことから、「頸椎損傷、脳挫傷の疑い」も指摘されたが、のちに地元の病院で検査したところ、問題ないことが判明し、症状も徐々に軽減していった。打撲や内出血はあちこちにあったが、とくに大きな損傷はなく、右足首も折れていなかった。ただ、29日ごろまでは足首の痛みでなかなか眠れず、処方された痛み止めを飲んでいた。また、入院して間もなく熱が出はじめ、37度ぐらいの熱が1週間ほど続いた。

検査を終えてから、充電したスマホで家族や知り合いにメールを入れた。両親には「よく生きていたな」と、弟には「死んだかと思った」と言われた。会社の上司からは、「無事でよかった。仕事はなんとか回しているので、しばらく静養するように」との返信があった。

点滴を打って安静にしていたら、2日後の22日には退院できた。弟夫婦が車で病院までやってきて、家まで送ってくれた。遭難中、栂池スキー場に停めてあった車を回収してくれたのも彼らだった。会社には27日から在宅勤務で復帰し、10月13日から通勤を再開した。

余談だが、在宅勤務中に長野県警から電話があり、会社が社長名義でお礼の菓子折りを贈っていたことを知らされた（富山県警にも贈っていた）。その際に、「本人や家族からお礼をいただくことはあるけど、勤めている会社からいただくことはめったにありません。岩井さんは会社から大事に思われている人材なんですね」と言われ、照れくさいような、誇らしいような気持ちになった。

岩井が救助を待っている間、気になっていたのはやはり親と仕事のことだった。

「このまま助からずに親より先に死んじゃうのは親不孝だよな。なんとか帰らなければ」「仕事にも穴をあけちゃったな。ほかのメンバーでなんとかやってくれているかな。帰ったら彼らにも謝らないと」

そんな思いは常に頭のどこかにあった。しかし、なにより切実だったのは、「助かるためにはどうしたらいいのか」ということだった。

「道に迷ったときに沢を下ってはならないといわれていますが、足をケガしているから下るしかないのかな、というところでまず葛藤がありました。下るにしても、この先には危なそうな崖があるけど、無理して下っていいものなのか、下るんだったら今日やるのか明日にするのか、いろいろ迷いました。そういうことを考えている時間が長かったような気がします」

この判断について、中村隊員は「沢を下るのは、セオリーには反しています。ただこのケースでは、結果として下ったことが発見につながりました」と話す。救助地点も、最初にビバークしていたところよりも見つけやすい場所だったという。

「でも、可能であるならば、やはり登り返すべきだと思います」

前述したとおり、17日に助けを求める声が届いたのち、発見・救助まで3日間もかかってしまったのは、居場所をなかなか特定できなかったからだ。「現場周辺は谷が入り組んでいて、声があちこちで反響していた」とのことだが、たしかに2万5000分の1地形図を見ると、そのあたりには大きな岩壁が折り重なるようにしてそびえ立っている。また、岩井が下りていった沢の背後にも、巨大な岩壁が連なっているのがわかる。こうした地形が声を複雑に反響させて、捜索を混乱させてしまったのだろう。

下の谷筋から声が聞こえてくるのは明らかなのだが、その方向へ行くと聞こえなくなったり、場所を変えると聞こえてくる方角が変わったりすることが幾度もあり、声で場所を特定するのは難しかったという。このため、声がどちらのほうから聞こえてくるのか、反響が返ってくるのに何秒かかるかなどをメモしながら捜索にあたっていたそうだ。

声はすれど、なかなか発見されなかったことについて、岩井は次のように話す。

「なんで自分がいるほうを捜してくれないんだろうとは、若干感じてました。でも、ヘリが何度もやってきたり、隊員を稜線に降下させたりするのを見て、助けようとしてくれていることは伝わってきました。呼び掛けもしてくれて、『ああ、見捨てられていないんだ』とも思えましたし。それが救いでした。そのおかげで、気持ちが途切れずにすみました」

ただ、自分が叫んだことがどこまで伝わったのかは、微妙な感じだったという。

「同じことを何度か聞かれたりしたので、伝わってないのかなと思い、2回繰り返したりして必死に叫びました。感触としては、名前のほかは、『はい』『いいえ』『ある』『ない』『ありがとう』などの短い単語しか伝わらず、長いワードは聞き取れなかったかもしれません」

捜索する側にしてみれば、声は聞こえても、その内容まではなかなか聞き取れず、ずいぶんもどかしい思いをしたようだ。一時的に聞き取りやすい場所はあったものの、そこでもすべての返事が聞き取れたわけではなかったという。

結局、発見・救助されるまでに9日間を要してしまったわけだが、生還への励みになったものがもうひとつある。それは、10（平成22）年の夏に起きた奥秩父・両神山《りょうかみ》での遭難事故（1章の対談参照）の検証記事を読んでいたことだった。この事故は、単独行の男性が下山中に滑落し、左足開放骨折という重傷を負って行動不能となり、14日目に奇跡的に救助されたというものである。

「あれほどひどいケガをして、食料もほとんどなかったのに、助かった人もいるということが励みになりました。あのケースに比べれば、ケガをしたとはいえちょっとは歩けるし、食料もまだ5日分ぐらいはありましたから、自分はまだ全然マシなわけです。それが、なんとかなるんじゃないか、自分も助かるだろうと思える根拠、支えになりました」

事故を振り返って改めて思うのは、登山道を外れて下っていくときに、なぜ「おかしい」と感じられなかったのか、ということだ。救助後、岩井は天狗山荘まで同じコースをたどっていた単独行の男性と連絡を取り合ったのだが、彼もまた同じところで登山道を外れてしまったという。しかし、すぐに間違ったことに気がついて登り返し、正しい登山道に戻れたそうだ。また、岩井を診察した黒部市民病院のドクターは登山を趣味としていて、岩井の話を聞いて「あそこはちょっとわかりづらいよな」と言っていた。ほかにも迷い込む登山者がいたのだろう、そこにはグリーンのロープがかつて張られていたが、岩井が通りかかったときには、切れてしまったのかロープはなかった。

そもそも現場はルートを間違えやすい箇所だったようだが、間違えたとしても、ほとんどの登山者は途中で気がついて引き返している。だが、岩井はルートミスに気づけなかった。その理由について、岩井は「先入観があったからだ」と話す。

「不帰キレットに差し掛かる前に、天狗の大下りという、1時間半ぐらい一気に下るところがあることはわかっていたので、『こんなに厳しいものなのか』『これが北アルプスか』と思いながらも下っていってしまいました。それでなんとか下れちゃいましたし、ボロボロの上着が落ちていたのを何度か見たりもしたので、『おかしい』とは感じられませんでした。いちばんダメだったのはそこだと思います」

北アルプスは厳しいところだという強い先入観により、正常性バイアス（ある程度までの異常を異常と感じず、正常な範囲内のものとして処理する心のメカニズム）が働いたのだろう。

また、地図を見ていなかったことも反省点として挙げる。山に登るときはいつも登山のウェブサイトから地形図をダウンロードして圏外でも見られるように準備しており、このときもたどるルートの地図をスマホに入れていた（ただし紙の地図は携行していなかった）。

それを早い段階で見ていれば、「あれ、違っている」と気づいたはずである。だが、ようやく地図を見たのは、左側に不帰キレットが見えたときで、稜線上で左に曲がらなければいけなかったのに、真っすぐ下りてきてしまったことに初めて気がついた。「ああ、ここで間違えたんだ。なんでもっと早く見ていなかったんだろう」と悔やんでもあとの祭りだった。

このことは中村隊員も指摘している。

「地図による現在地確認を行なっていれば、防げた事故だったかもしれません。登山道だと思い込んでしまうと、なかなか地図読みをしませんが、たとえルートを外れていなくても、要所要所で必ず地図を見ることを習慣化するのが大事です。今はスマホの地図アプリで簡単に現在地がわかってしまうから、なおさら地図を読む習慣が身についていないように感じます」

もうひとつの反省点は、エマージェンシーシートを持っていなかったことだ。救助を待つ間は、夕方6時ごろ横になり、朝は5時過ぎに起きるというサイクルを繰り返した。ただし、夜は寝床とした岩の硬さや寒さでよく眠れなかったため、睡眠時間は一日正味5、6時間だった。昼間、太陽が昇って暖かくなってきたときに、ついうとうとすることもあったが、捜索のヘリなどにいつでも合図が送れるよう、なるべく寝ないようにしていた。救助されたのち、キャンプを趣味としている弟から、「次に山に行くときは、エマージェンシーシートを持っていったほうがいい。あれが一枚あれば、暖かさが違う」と強く勧められた。たしかに、もしエマージェンシーシートを持っていたら、もうちょっと夜に眠れていたかもしれないと、岩井は振り返る。

もっとも、遭難してから救助されるまでの判断・行動は、おおむね適切であったと思う。話を聞いたかぎり、パニックに陥ることはなかったようだし、落ち着いて現状を分析して対処できていたように感じる。この点について、岩井はこう述べる。

「自分の判断によっては状況が悪化する可能性もあるので、なにかを決断するときはいろいろ悩みました。でも、救助されることを信じ、自分ができることをやって助かる確率を高くしようという気持ちだけは持ち続けていました。あとはできるだけネガティブなことを考えないようにしたことでしょうか。そのために、日常生活と同じように歯を磨いたり髭を剃ったりもしてました」

事故後、親や親戚からは「もう山はやめろ」と言われた。逆に警備隊員からは、「早くケガを治して、また来てくださいね」と励まされた。

傷が完治していない時点では、登山を再開するかどうか考えられなかったが、11月になるとだいぶ右足首の痛みが和らいできたので、2回ほど低山を歩いてきた。

「登りは問題なさそうですが、下るときはまだ右足首に若干の痛みを感じました。それでも、登ってみたらやっぱり山はいいな、登山を続けたいなと強く感じました」

ケガが完治したら、今度こそルートを間違えないようにして、同じコースをたどってみたいと考えている。

3章

CASE

北アルプス 祖母谷

7日間

新潟県
糸魚川市
朝日岳
2418
朝日町
白馬岳
蓮華温泉ロッジ
8/10宿泊
雪倉岳
2611
白馬大池
山荘
長池
白馬大池
栂池へ
小谷村
白馬岳
2932
白馬山荘
村営頂上宿舎
8/11宿泊
猿倉
宇奈月へ
猫又
富山県
黒部市
鐘釣
黒部峡谷鉄道
長野県
白馬村
天狗山荘
祖母谷温泉
名剣温泉
猿飛山荘
8/13～20ビバーク
小屋平
救助地点
不帰ノ嶮
八方尾根
八方へ
欅平
四十八曲り
唐松岳
2696
唐松岳頂上山荘
南越峠
餓鬼山
2128
8/12宿泊
餓鬼ノ田圃
餓鬼山
避難小屋
大黒鉱山跡
黒部川
五竜岳
2814
大遠見山
2106
坊主山
2199
大町市
N
0
2km

山登りは40歳のころから始めた。

もともと人付き合いはあまり得意なほうではなく、ひとりでどこへでも好きなところへ行けるという点で、山登りは自分に合っていると感じた。5年ほどして地元の山の同好会に入ってからは、気の合う会の仲間と行くようにもなったが、相変わらずひとりで登ることも多かった。

居住地の広島周辺には、登山に適した里山がたくさんあった。一般企業の会社員だったので仕事はあまり休めなかったが、週末には近郊の山に通い、ときには山陰や九州の山へ足を延ばした。年に一度の夏の休暇には、北アルプスや南アルプスなどで3、4泊程度の山行を重ねた。本格的な雪山登山はしないが、低山の雪山歩きを楽しむことはあった。登山の知識や技術は、書物やインターネットなどを通してひとりで学んだ。

55歳で会社を早期退職したのちは、登山の資金と体力づくりを兼ねて新聞配達を始め、20年近く続けてきた。日本百名山踏破のような目標がとくにあったわけではない。自分が登りたいと思った山、気に入った山を歩き続け、気がついたら北アルプスの山にはほとんど登り、山の同好会では会長を務めるまでになっていた。

しかし、70歳を過ぎると、否応なく体力の衰えを自覚せざるを得なくなる。2017（平成29）年の8月29日に75歳の誕生日を迎えるにあたり、筒井清之（74歳）はこう考えた。

「我流の勝手気儘な山登りを30年以上続けてきたけど、年齢的にも長期の登山はおそらく次が最後になるだろう。だから最後ぐらいはひとりでのんびりと、長い山旅を楽しむことにしよう」

そのけじめとして計画したのが、北アルプスの白馬岳《しろうま》から唐松岳《からまつ》への縦走登山だった。この山行が終わったら、体力に見合った低い山を中心に登山を続けていくつもりでいた。

8月10日、広島駅から始発の新幹線に乗って京都まで行き、米原、金沢経由で糸魚川まで出て、路線バスで蓮華《れんげ》温泉に入った。夏山シーズン最盛期だったため、蓮華温泉ロッジはそれなりに混雑していたが、6畳の和室に3人という割り振りだったので、窮屈な思いはしなくてすんだ。たまたま翌日が「山の日」ということで、宿泊者全員に記念の手ぬぐいが配られた。

翌11日は朝6時ごろ宿を出て、白馬岳を目指した。白馬大池《はくばおおいけ》を過ぎたあたりで雷が鳴り出し、雨もぱらついたが、じきに収まった。

登山届は、事前にPCでダウンロードした書式に必要事項を記入したものを、登山開始前に蓮華温泉ロッジで提出しておいた。この日は白馬岳山頂を経て村営頂上宿舎に泊まり、翌日は唐松岳へ縦走して頂上山荘に宿泊、3日目に祖母谷《ばばだに》温泉に下りる予定だった。

計画を立てるにあたっては、74歳という年齢を踏まえ、ゆっくりマイペースで歩くことを前提とした。一日の行動時間は標準コースタイムにプラスアルファを見込み、午後4時までには山小屋に到着するように時間配分を考えた。

食事は、朝晩は山小屋で摂り、昼は弁当をつくってもらった。以前は山小屋素泊まりの山行が多かったが、近年はお金を払ってでも楽に歩けることを優先するようになった。装備は通常の山小屋泊に必要なもの——雨具、防寒具（薄手のダウンジャケット）、着替え、登山地図、コンパス、行動食（チョコレート、ナッツ、チーズ、ビーフジャーキーなど）、水筒、携帯電話など——を持ち、ザックの重量は10キロ弱になった。

「歳なのでなるべく荷物を軽くしようと思い、ガスコンロも持ちませんでした。ただ、ビールのつまみは充分に持ちました。私はビールが好きでしてね。山小屋で飲むビールも楽しみのひとつなんです」

雷雨が収まると、花を眺めながらのんびりと稜線をたどり、予定どおり午後4時ごろ村営頂上宿舎に着いた。

翌日も朝6時に小屋を出発し、唐松岳へ向かった。唐松岳に登るのは3回目だったが、過去2回は八方尾根をたどっていて、北アルプスを代表する難所のひとつ、不帰《かえらず》ノ嶮《けん》を通過するのは今回が初めてだった。ただ、前年に不帰ノ嶮を歩いた山仲間から「ガイドブックなどに書かれているほど厳しくはないよ。いいところだよ」という話を聞いていたので、それほど不安はなかった。また天気にも恵まれた。「老人なんだから急ぐこともない。のんびりと唐松まで歩けばいいや」と思い、実際そのとおりに歩いた。

村営頂上宿舎も唐松岳頂上山荘も登山者で賑わっていたが、すし詰め状態というほどではなく、体を伸ばしてゆっくり休むことができた。

翌13日は標準コースタイムで8時間半と行程が長いため、夜中の2時に起床し、3時には小屋を出発した。祖母谷温泉までの登山道の状況については、事前に頂上山荘のブログでチェックしてあったが、念のため小屋の主人からも話を聞いておいた。主人はそれを覚えていて、遭難発覚後に筒井の情報を山岳警備隊に提供したということをあとで知った。

行動を開始して間もなく、女性2人組のパーティが筒井を追い抜いていった。白馬岳から唐松岳の主稜線には多くの登山者が行き交っていたが、唐松岳から祖母谷温泉方面へ下山する登山者はほとんどいなかった。

この日も天気はよく、マイペースで長い尾根を下っていった。前日までは登山用タイツの上から長ズボンをはいて行動していたが、あとは下るだけだからと、タイツの上に短パンをはいて行動した。

餓鬼ノ田圃付近の樹林帯を行く（写真＝中西俊明、以下同）＊写真はすべてイメージ

大黒鉱山跡付近から見た五竜岳

「高山植物も楽しめたし、ライチョウにも出会えたので、今年もいい山旅ができたなあと思いながら、呑気に歩いてました」

餓鬼《がき》山の山頂で弁当を食べて行動を再開すると、間もなく木の根が露出する足場の悪い急斜面が現われた。足も疲れてきていたので、「転倒してケガでもすると困るから、ヘルメットを被ったほうがいいだろう」と思い、少々暑かったが、ザックからヘルメットを取り出して被った。ヘルメットは、行程中に不帰ノ嶮があるので、装備に加えてあった。

餓鬼山避難小屋の先で、祖母谷方面から登ってきた単独行の男性とすれ違った。脱ぐのが面倒なので、ヘルメットは被ったままだった。餓鬼ノ田圃《たんぼ》を過ぎ、南越峠のあたりを通過していたときにも若い単独行の男性とすれ違い、「大変ですなぁ」とひと言挨拶を交わした。

四十八曲りに差し掛かると、左側が山側の斜面、右側が南越沢側に落ちた斜面となり、登山道の幅がだんだんと狭くなってきた。途中で地図を取り出して現在地を確認し、「祖母谷温泉まであと1・5キロぐらいか。自分の足だったら、もう1時間半も歩けば着くだろう」と読んだ。

それまでにも1日10時間のコースを連続で歩いたことはあったが、夜中に小屋を出てからすでに12時間近くが経っていた。昼食時に30分ほどの休憩はとったものの、足にはだいぶ疲労も溜まってきていた。

大黒鉱山跡付近の稜線からの餓鬼山

餓鬼山避難小屋周辺は樹林に覆われている

「あとひとがんばりすれば、温泉に入ってビールが飲めるな」
そう思いながら、再び細い登山道を下りはじめた。今、このときを振り返って筒井はこう言う。「邪念が入ったんですな」と。

時刻は午後3時半ごろだったと記憶する。40センチほどの段差があるところで、着地した石の上でわずかに足が滑った。そのはずみに背負っていたザックが振られ、バランスを崩した。「あっ」と思ったときには、足を下に向けた体勢で谷側の斜面を滑り落ちていた。
「でも、不思議と冷静だったんですよね。足を踏ん張って止めようとすると足が折れちゃうかもしれないと思い、ちょんちょんと小刻みに足を地面につくようにしながら制動をかけたんです」

幸い滑落は10メートルほどで止まった。両手に持っていたストックは2本とも滑落中にすっ飛んだ。落ちたのは、斜度が45度ぐらいの草付きの斜面だった。立ち木や岩がほとんどない斜面だったからだろう、ケガは左足の脛のあたりの擦り傷程度ですんだ。手には皮の手袋をはめていたこと、ヘルメットを被っていたことも幸いした。

振り返って斜面を見上げると、手掛かりや足掛かりになりそうなものはなにもなく、「これはなんぼあがいても上がれんだろう」と思った。ストックも、とても回収できそうになかった。

その場所からは沢の音が聞こえていた。「とりあえず水だけは確保しよう」と思い、沢へ下りた。沢は狭く、周囲には木が生い茂っていた。上空もまったく開けていなかったので、開けているところまで下りていくことにした。

ザックを下ろして水流に浮かべ、それを引っ張りながら沢のなかをじゃばじゃばと歩いていった。水深は膝程度で、膝から下はびしょ濡れになった。

上空が開けた場所に出ると、万一の増水に備えて、一段高くなっているところまで上がった。そこにはちょうど半畳ほどの平たい岩があったので、ザックを引っ張り上げてひと休みした。ちょっと手を伸ばせば、沢の水にも手が届いた。濡れたウェアと靴を脱いで乾かしているときに腹が据わった。ここで救助を待つしかないと。

すでに時刻は午後4時を回っていた。谷間なので薄暗くなるのも早かった。明け方には寒くなるだろうと思い、雨具を着込んだ。捜索が始まったときに備え、行動食を入れていた銀色の保冷バッグを破って岩の上に広げ、飛ばないように石の重りを置いた。

「反射板みたいなものです。バカげたことですけど、そうしたほうが少しでも目立つんじゃないかと思ったんです」

あとのことは明日の朝になってから考えればいいやと思った。

その晩は一時的に雷が鳴り、雨も降ったので、折り畳み傘の柄をロープでザックに縛り付け、風雨避けにした。その陰に身を隠すように体育座りをして夜を過ごし、一睡もできぬまま14日の朝を迎えた。

夜中、ちょうど自分がいるあたりで沢の水音が急に変わることに気づき、明るくなってから沢を覗き込んでみると、水流は滝となってズドンと落ち込んでいた。前日にもっと進んでいたら滝に落ちていたかもしれないと想像し、ほっと胸をなでおろした。

ポシェットに入れていた携帯電話を取り出して確認すると、水没していて使い物にならなくなっていた。動ける範囲で周囲を偵察してみたが、登り返せそうなところはどこにもなかった。岩の上にザックの中のものを広げ、地図を手にとって再度、現在地を確認してみた。登山道はすぐ上を通っているはずだが、登り返すのは不可能である。ならば沢を下って祖母谷温泉まで行けないかと考えたが、現在地と温泉までの間には3つの滝マークが記されており、「これも無理そうだな」と諦めた。笛も持っていたが、いかんせん登山者がほとんど通らないコースである。たとえ通ったとしても、沢音で声もなにも聞こえないだろうと思った。

「ばたばたしてもしょうがない。運を天に任せて、ここで救助を待つのが賢明だ」と、改めて覚悟を決めた。この日から、ただひたすら救助を待つ日が始まった。

　行動食をチェックしてみると、小さなチョコレートが十数粒とビーフジャーキーが少し残っていた。

「なんの根拠があってかわかりませんが、そのとき、救助されるまで5日見ておけばいいと思ったんです。つまり一日に食べられるチョコレートは2粒ですよね。どんなに空腹でも誘惑には絶対に負けないようにしようと思い、朝になったらチョコレートをひとつ舌の上にのせ、夜、寝る前にもうひとつを食べました。それは最後まで守りましたね。あとは脱水症状にならないよう、喉が渇いていなくても沢の水を積極的にたくさん飲んでました」

　のちに医者からは、「沢の水を1週間も大量に飲み続けて、よくお腹をこわさなかったね」と言われた。

　ビバーク地では、斜面側にザックを置き、そこに座って背中でもたれかかって過ごした。夜はほとんど寝られず、膝小僧を抱えてうつらうつらするだけだった。岩の向こう側はストンと落ちているので、うとうとしているときにうっかり落ちないよう注意した。

　持っていたヘッドランプを点けて、あたりをサーチライトのように何度も照らしたりしたこともあった。

「ただの気休めですよね。無駄な行動だったと思います」

夜中の寒さは厳しかったが、星空はきれいだった。毎晩、寒さに耐えながら星空を見上げていた。沢の水音が四六時中聞こえていたので、夜も静寂を感じることはなかった。それも気分が紛れるのに役立った。

何度か時雨《しぐれ》程度の雨も降ったが、幸い本降りにはならず、体温を奪われずにすんだ。

取り乱したりパニックになったりしなかったのは、「まあ、なんとかなるだろう」と思っていたからだ。登山届は蓮華温泉ロッジで提出していたし、下山する直前まで計画どおり歩いてきているのだから、「捜し出してくれるはずだ」と信じていた。それまではとにかく待つしかないと思っていた。

実際、滑落した翌日には早くもヘリの音が聞こえてきた。「えらく救助が早いな」と思ったが、機体は見えずに音だけが近づいてきて、また遠ざかっていった。それが3日間ほど続いた。「見つけてもらえる」という期待感は、徐々に「なんでこっちに来てくれないんだ」という絶望感に変わっていった。後日、それは黒四ダムへ電力関係の資材を運ぶヘリだったことを知った。

尿意をもよおしたときは、立ち上がって空を眺めながら放尿した。ほとんどなにも食べていないので大は出なかった。しかし、3、4日目ぐらいから立ち上がるとふらつくようになったため、しゃがんで用を足すようにした。体力が衰えてきていることを自覚せざるを得なかった。計算どおり5日目でチョコレートがなくなり、以降は水だけを口にした。それを辛いとは感じなかったし、空腹感もまったくなかった。

「気持ちが麻痺していたのかもしれません。生きることに対する執着というものはあまりありませんでした。『好きなことをしてこうなったんだから仕方ない』という境地でしたね。自分の子供たちにしても、もう成人しているし結婚もしているから、山奥の岩の上で今さら気にしてもしょうがないと思ってました」

ただひとつだけ、気掛かりなことがあった。筒井には2人の兄がいるが、長兄は中学1年生のときに原爆によって命を落としていた。行方不明のまま、遺骨も帰ってこなかった。

「自分もその兄と同じことを招いてしまうのかなと。そうすると、6歳違いの次兄はまた同じような辛い思いをすることになります。それはさせたくなかったから、できることなら生きて帰りたいというのはありました。図々しくもそういうことを考えたんですね。それははっきり覚えています」

チョコレートが尽きたころから、ちょっと寝入ったときにきらびやかな極彩色の夢を見るようになり、「ああ、これが幻覚というものなのかな」と思った。また、願望が夢に現われることもあった。いつの間にか救助されて自宅にいるのだが、はっと目が覚めると、沢のなかの岩の上に座っている自分がいた。

救助を待つ間、夜はなにが起きるかわからないので、靴を履いたままでいた。逆に日中は靴を脱いで足を乾かした。それでも1週間近くになると、足の裏がふやけてがんもどきのようにシワシワになっていた。体が衰弱してすでに立ち上がることはできなくなっており、「もうそろそろかな」と半ば覚悟を決めていた。

遭難して8日目の20日の明け方、うっすらと明るくなってくると、ガスが急速に上がってきた。風も少しあったので、「今日は晴れるだろうな」と天気を予想した。そのときに、ヘリの音が聞こえてきた。それまで聞こえてきたのとはまったく違う方向からだったので、「あれ?」と思っていたら、沢の下流方向にヘリの機体が見えた。すぐにオレンジ色のザックカバーを手に持って大きく振ると、ヘリは一直線にこちらに向かって飛んできた。

それを見て「やれやれ助かった」と思い、すぐに吊り上げられるように、岩の上に広げていた荷物を全部ザックの中に入れた。

ヘリが現場上空でホバリングすると、救助隊員がホイストで降りてきた。名前を確認され、「そのザック、持てますか」と尋ねられた。「とても無理です」と答えたら、隊員がザックを担いでくれた。作業はものの10分もかからず、隊員といっしょに吊り上げられ、機内に収容された。

ヘリはいったん祖母谷温泉へ行き、そこで待機していた若い地上隊員をピックアップしてから黒部警察署近くのヘリポートへ向かった。祖母谷温泉でヘリがホバリングしていたとき、宿から登山者が出てきてスマートフォンで写真を撮られた。自分で種を蒔いた遭難事故とはいえ、やはりあまりいい気はしなかった。

ヘリポートではパトカーと救急車が待機して、「救急車に乗りますか、パトカーにしますか」と聞かれた。不思議とこのときは自力で立ち上がることができたので、「歩けますからパトカーにします」と言ってパトカーに乗った。パトカーの警察官には「ひとりで山に来るものじゃありませんよ」と怒られた。

黒部警察署に着くと、濡れていた服を乾いたものに着替え、調書をとられてサインをした。その後、若い救助隊員が黒部病院まで車で送ってくれた。

病院ではレントゲンを撮って点滴治療を受けた。診断の結果は栄養失調で、結局5日間入院することになった。

筒井が山から帰っていないことに最初に気づいたのは、筒井が働く新聞販売所の所長だった。山行前、筒井は販売所に「これが最後の長い登山になると思うけど、今年もまたひとりで山に行ってくる」と言って、8月10日から15日までの休暇届を出していた。しかし、休暇が終わる翌日（16日）になっても出勤せず、携帯電話や家の電話に連絡しても応答がない。「20年近く働いてきて一度も無断欠勤をしたことがない男が、電話にも出ないのはおかしい。山でなにかあったのでは」と心配した所長は、すぐに筒井の子供に連絡をとった。

筒井は山に行くことを2人の子供にも兄弟にも言っていなかったため大騒ぎになり、筒井がひとり暮らしをしている家を家族が訪ねてみると、今回の山行計画を記したメモが残されていた。筒井によると、「ひとり住まいなので、山に行くときは必ず計画を家に残してくるようにしている」とのことである。

筒井がヘリで救助されたとき、搭乗していた救助隊員がその計画書のコピーを持っていた。それを見て、「日本の警察は大したものだな」と感心したという。

だが、計画書を見た家族が地元の警察に届け出た16日、対応した警察官は当初、「老人が家出をして徘徊しているだけかもしれない。遭難したという確実な根拠がなければ、本格的な捜索には取りかかれない」と言って真剣に取り合ってくれず、初動が遅れてしまった。最終的に、いくら口で言ってもらちがあかないと感じた家族は、警察官を筒井の家まで連れてきて計画書を見せた。これによってようやく山で遭難していることが確実視され、18日に行方不明者の捜索の届け出が正式に受理されたのだった。

届け出を受けた富山県警山岳警備隊はただちに捜索に取り掛かり、蓮華温泉ロッジに当事者の登山届が提出されていることを掴んだ。さらに、山小屋への聞き込み等により、唐松岳頂上山荘までは計画どおりに歩いていたこと、13日に宿泊予定だった祖母谷温泉には泊まっていないことも判明した。となれば、消息を絶ったのは頂上山荘～祖母谷温泉の間以外に考えられない。そうした情報をもとに警備隊がヘリでの捜索を開始したのが20日。その直後に発見されたのは、登山届のおかげでピンポイントでの捜索ができたからだった。

入院して間もなく、病院の事務局長が筒井のもとにやってきて、「マスコミの方が『お会いしたい』と言って来ていますが、どうしましょう」と聞かれたので、丁重に断った。続いて「詳しいことを聞かせてほしい」と来院した警備隊の責任者には、ひととおりの経緯を説明した。その後、再び警備隊員がやってきて、「隊長が会見を開きますので、同席してもらえませんか」と言われたが、「それはこらえてください。とんでもないことをしてしまったものですから」と言って断った。「ではなにかコメントだけでも」と言われ、登山届のことや、「年齢に見合った計画を立てなかった」というようなことを話したら、そのとおりのコメントが新聞に掲載された。

なお、この記者会見において、山岳警備隊隊長は次のように語っている。

〈捜索を指揮した県警山岳警備隊の柳沢義光隊長が21日、取材に応じ、生還の要因として(1)動かず体力を温存できた(2)沢で水を摂取できた(3)比較的気温が高かった――点を挙げた。柳沢隊長は「最悪の事態も考えたが良かった。こういうケースは記憶にない」と話した〉（2017年8月21日付産経ニュースより）

家族とは、救助されたあともなかなか連絡がとれなかった。というのも、携帯電話が水没してしまったからだ。

「昔だったら、自分の子供や兄弟らの電話番号は覚えていましたよね。今は携帯に番号を登録しているから、覚える必要がありません。でも、携帯が使えなくなると番号がわからないから、もう電話がかけられないんです」

息子が警察経由で病院に電話をかけてきて、ようやく話をすることができた。そのときに「自分ひとりで帰れるから、こっちには来なくてもいい」と言ったが、娘が心配して24日の昼に迎えにきてくれた。それまでにも「退院して帰りたい」と医師には告げていたが、ひとりでの行動は許してもらえなかった。

娘には、「お父さん、今までにいっぱい涙を流したから、こうして会ってももう涙は出ないよ」と言われた。2人の子供は、筒井の年齢と行方不明になっている日数から、「もうダメだろう」と諦めていたという。

「ほんとうに心配と迷惑をかけました。2人には『(世間にこんなに騒がれて)頬被りせんと広島には帰れんよ』と言われました。娘と息子にはもう頭が上がりません」

娘が来てすぐに退院したが、体力の衰えは予想していた以上で、足がいうことをきかず、新幹線の乗り換えで駅の階段を上がるにも苦労した。なんとか広島まで帰ってきたが、当分は動くことができなかった。

山の仲間からは「山のなかでようひとりで1週間も冷静に過ごせたな」と不思議がられた。兄からも、「お前、アホか。1日2日ならともかく、1週間も山のなかにひとりでおって。まあ、お前はこまいときからひとりが好きじゃったけーの」と言われた。しかし当の本人は、遭難していたときもそんな大ごとだとは感じていなかったという。

「それがよかったのでしょう。もし生きることへの執着が強かったら、もっと悪あがきをしていたと思います。厚かましいというか、広島弁でいう『のふうぞう』というか、そういう性格的なものも生還できた一因かもしれません」

ただひとつ、つくづく思ったのは、「山で遭難するのは、遭難する人がそれなりの原因をつくっている」ということだ。

「私のケースでは、歳相応の計画を立てていなかったこと、家族に黙って出てきたこと、単独行だったことなどです。ひとりでのんびり最後の山旅を楽しもうという思いから計画した結果がこれですからね。ほんとにとんでもないことをしてしまいました。生還できたのは、偶然に偶然が重なって、すべてがいい方向に行ったおかげです」

筒井が救助されて間もない8月29日、北海道の幌尻岳《ぽろしり》で日本山岳会広島支部パーティが遭難し、3人が亡くなるという事故が起きた。その後、筒井が会長を務める会の月例会に参加したときに、幌尻岳で亡くなった男性の奥さんに会い、「よくおたくは帰ってこられましたね」と言われ、複雑な気分だったという。

しばらくして体も回復し、落ち着きを取り戻したころあいを見て、山の仲間が生還祝いを開いてくれた。その際に「山の同好会の会長をもう一度務めてくれないか」という話になったので、「大きな遭難もしたことだし、大事な役に就く前に体をチェックしておいたほうがいい」と思って検査を受けたら、食道癌が見つかった。自覚症状はまったくなかったが、幸い早期発見だったので、約8時間にもおよぶ手術の末、すべてを摘出することができた。

「ただ、一度癌になったら、手術しても100パーセントなくなることはないと覚悟はしています。こればかりは、今さらもがいたってどうにもなりません。山で遭難したときは、じっと救助を待ちながら心を平静に保つという意味で自分との闘いでしたが、今度は癌細胞との闘いです」

それでも山をやめる気はない。遭難、手術と続いて体力はすっかり落ちてしまったが、体が回復したらまた山に行こうと思っている。

4章

CASE

熊本県
国見岳

6日間

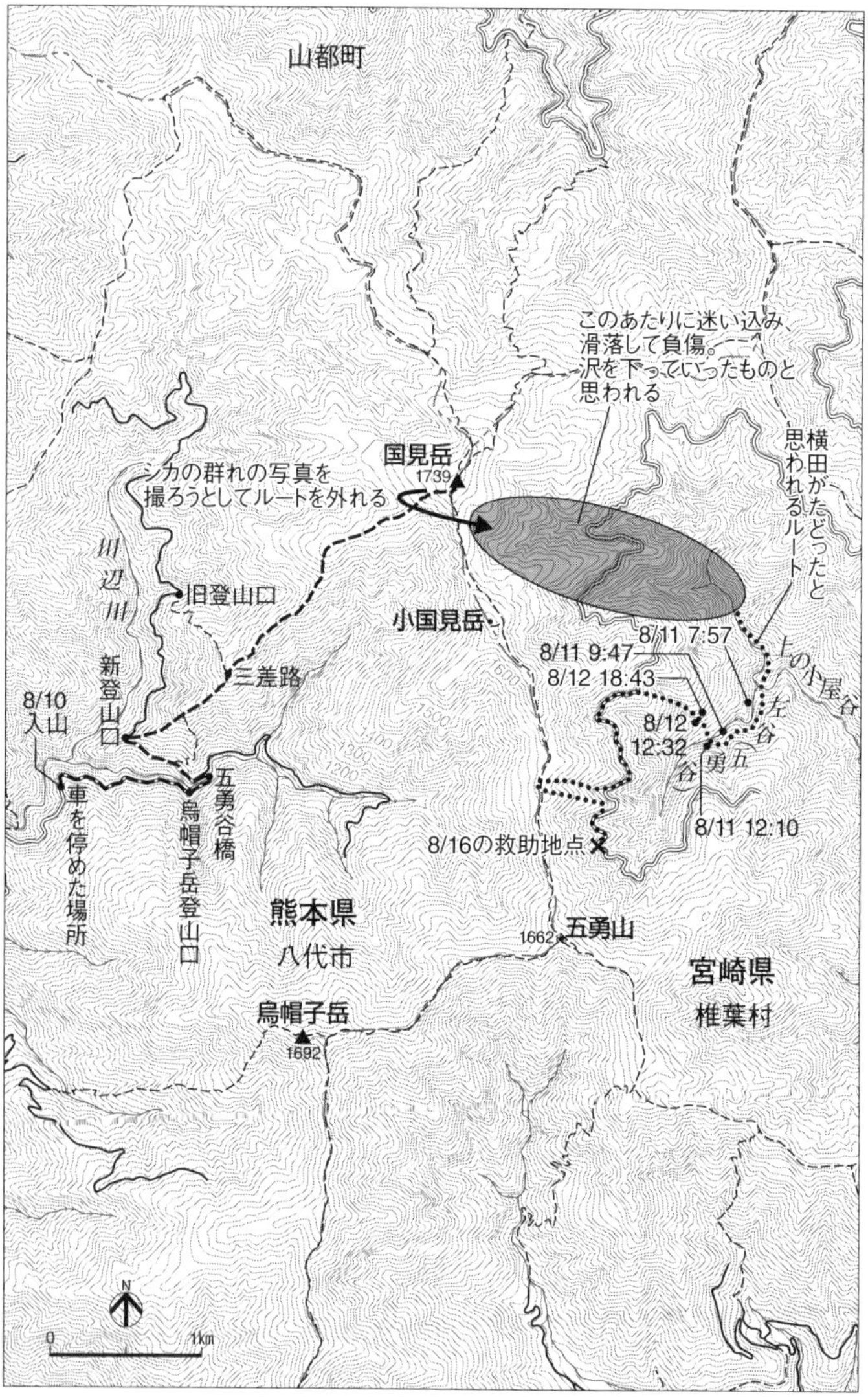
山都町
このあたりに迷い込み、
滑落して負傷。
沢を下っていったものと
思われる
横田がたどったと
思われるルート
国見岳
1739
シカの群れの写真を
撮ろうとしてルートを外れる
川辺川
旧登山口
小国見岳
8/11 7:57
8/11 9:47
8/12 18:43
三差路
上の小屋谷
新登山口
8/10
入山
8/12
12:32
左
五勇谷
8/11 12:10
五勇谷橋
車を停めた場所
烏帽子岳登山口
8/16の救助地点
熊本県
八代市
五勇山
1662
宮崎県
椎葉村
烏帽子岳
1692
N
0
1km

会社で営業職に就いている横田慎二（仮名・38歳）は、プライベートでも顧客との交流を大事にしていて、山好きな顧客といっしょに登山を楽しむこともあった。

初めての山は、2021（令和3）年の夏に顧客と登った九重山《くじゅう》。秋口にも再び同じ山に登り、翌22（令和4）年の春には由布岳《ゆふ》に登った。登山に関しては初心者だったので、装備も熊本の登山用具店でスタッフに勧められたものを一式購入した。

その横田が、人生で4回目となる登山に出掛けたのは、22年8月10日のことである。行き先は熊本と宮崎の県境、九州脊梁山地の山奥に位置する標高1739メートルの国見岳《くにみ》。ブナやモミ、ツガなどの天然林が広がる熊本県の最高峰で、山麓には平家の落人伝説で知られる秘境「五家荘《ごかのしょう》」がある。山深いゆえアプローチはあまりよくないが、その名のとおり展望はすばらしく、一年を通して大勢の登山者で賑わう。

同行したのは40代および横田とほぼ同世代の男性2人で、いずれも仕事関係の顧客だった。山に関しては2人ともかなりの熟練者だったが、山行を共にするのはこのときが初めてだった。登山計画書はつくっていなかったが、熊本県側の新登山口から山頂を日帰りで往復する予定であることを口頭で聞いていた。

10日の朝5時半ごろ熊本市内の自宅を車で出発、すぐ近くにあるコンビニの駐車場で2人と落ち合った。当初は1台の車で行く予定だったが、その日の夕方、習いごとに行った娘を迎えにいく予定が入り、車2台で行くことになった。

過去3回の登山同様、妻には前日、「明日、山登りに行ってくるね」とだけ伝えていた。登る山の名前や、誰と行くのかは伝えていなかった。

熊本市内を抜け、国道445号を経て縦木林道に入り、路肩の駐車スペースに車を停めたのが8時ごろ。そこから歩いて林道をたどり、烏帽子《えぼし》岳登山口、五勇《ごゆう》谷橋を経て国見岳新登山口へ。9時前に登山口から登山道を登りはじめた。

山頂までの一般的なコースタイムはおよそ2時間10分で、最初の50分ほど尾根の急登が続いたのち、旧登山口からの道が合流する三差路を過ぎると傾斜は緩やかになる。登山経験の少ない横田には「ついていけるだろうか」という不安があったが、同行者がペースを合わせてくれ、適宜、休憩もとったので、さほどキツい思いをすることなく、11時45分ごろ山頂に着いた。

登っているときはいい天気だったが、頂上は真っ白なガスに覆われていて、展望はまったくきかなかった。山頂で1時間ほど休憩をとり、同行者がコンロで沸かしてくれたお湯でカップラーメンをつくり、サンドイッチとともに食べた。行動中に見かけた登山者は1人か2人だけで、食事中に単独行の男性も上がってきたが、とくに会話は交わさなかった。

登り着いた国見岳山頂はガスのなか

コース上部の緩やかな稜線をたどる
(写真提供=横田慎二、以下同)

午後1時ごろになり、「じゃあ、そろそろ下りようか」となったときに、同行者のひとりが「この近くに日本一美味しい湧き水があるそうだから、ちょっと見てくる」と言い出した。それを聞いた横田は、「自分はペースが遅いから、先に行きますね」と言って、ひと足早く下山にとりかかった。のちに聞いたところ、2人はその約10分後に頂上をあとにしたという。

下りはじめて間もなく、進行方向右側の斜面にシカの群れが見えた。登ってくるときに、同じ方向からシカの鳴き声が聞こえてきたので、その群れだろうと思った。家に帰ったら娘に見せて自慢しようと思い、群れを追って写真を撮りはじめた。その写真に記録された時刻は午後1時26分。どれぐらい追っていたのか、いつの間にか登山道から右側にだいぶ外れてしまっていた。

我にかえり、登山道に戻らなければと、左方向に引き返していった。だが、立ち木と倒木が散在する草地状の広くなだらかな尾根は、どこを見ても同じような景色が広がっていて、ルートの目印になるようなものはなにも見当たらなかった。

どれぐらい歩いたのか、どこをどうたどったのかわからないが、ふとあたりを見回して、「あ、これは全然違う景色だ」ということに気がついた。どうやら戻りすぎて登山道を突っ切ってしまったようだった。それどころか、国見岳から小国見岳へ続く尾根も越えていたものと思われる。目にする景色は、登ってくるときに見たものとはまったく違っていた。YAMAPのアプリはスマホにダウンロードしていたが、起動すらしていなかった。

このころにはガスが濃くなってきて、あたりは薄暗くなりつつあった。「ものすごく怖かったことを、今でもはっきり覚えています」と、横田は振り返って言う。

同行者の名前を何度も大声で呼んだが、返事はなかった。登り返すのは億劫だったので、とにかくそのまま下れば登山口に着くだろうと考え、先へ進むことにした。

だが、しばらくして用を足すために藪の中に入っていったときに、突然体が宙に投げ出された。地面だと思って一歩を踏み出した草の下にはなにもなく、「あっ」と思った瞬間にはもう崖から落ちていた。スギの森が逆さまになっている光景が目に入ったが、そのあとのことはなにも覚えていない。

水音が聞こえ、顔の左半分に生温かいものを感じて目が覚めると、斜面の傾斜が緩んだところに横たわっていた。横になったまま、首にかけていた手ぬぐいを当ててみたら、真っ赤に染まった。手で確かめてみると、耳がぶらぶらしていてちぎれそうになっているのがわかった。それを認めた瞬間、「やってしまった。これはマズい」と思った。

すぐそばには1メートル四方ほどの大きな石があり、左側約3メートル下に沢が流れていた。どうやら石にぶつかって滑落が止まり、沢まで落ちずにすんだようだった。

左足の脛の内側もひどく痛み、ケガを負ったのは間違いなかった。そのときの服装は、上半身はTシャツの上に長袖シャツを着込み、下半身はサポートタイツの上にハーフパンツをはいていた。見たところ、サポートタイツはどこも破れておらず、出血もみられなかった。ただ、どんなケガをしたのかは、チェックしないことにした。ケガを見てしまったら、心が折れると思ったからだ。幸い、足に力を入れたら踏ん張れるし、立つこともできたので、骨は折れてはいないと判断した。

ケガをしたのは左耳と左足の2箇所だけのようだった。ザックは背負ったままの状態で、それが滑落時のクッションになったのだろう。時計を見ると、夕方の4時半になっていた。滑落したのが午後2時前だとしたら、2時間半以上は気を失っていたことになる。

山頂から下山するときに、「先に下りる」と言ってひとりで先行したことが、悔やまれて仕方がなかった。

所持品をチェックしてみると、ザックの中に入れていた保温ボトルと水筒（いずれも容量1リットル）、それにザックのサイドポケットに差していたトレッキングポールがなくなっていた。

ほかに持っていた800ミリリットルの水筒と500ミリリットルのペットボトルの水は無事だった。

娘を迎えに行く時間にはとても間に合いそうになかったが、とにかく下山しなければと考えた。登ってくるときに、右側に沢が流れているのを見ていたので、それが左下に流れている沢だろうと見当をつけた。そうであれば、この沢を下っていけば、登山口に戻ることができる。だが、いざ下りはじめてみると、そう簡単なことではなかった。

水に濡れることはいとわず、徒渉を繰り返した。ときには沢に倒れ掛かっている倒木の上を伝い、滝になっているところでは岸を巻いた。水深が深そうな箇所では石を投げ込んでみて深さを推測した。それでも首まで水に浸かったり、泳いで進んだりすることもあった。

「およそ2時間、ひたすら沢を下っていきました。それもできるだけ急いで下りました。もう、必死でした」

だが、やがてあたりが薄暗くなってきて、雨も降ってきた。このへんでいったん沢から上がろうと思い、沢を見下ろす岩の上に上がった。そこで落ち葉を集め、持っていたガスライターで火をつけようとしたが、濡れてしまったため、なかなか点火できず、ようやくついたと思ったら、落ち葉が湿っていて火をおこすことはできなかった。

諦めてあたりを見回してみると、ちょうど人ひとりが膝を抱えて横になれるくらいの岩屋が目に留まった。岩が屋根のように張り出しているので、多少の雨なら防げそうだった。

2メートルほど斜面を登ってそのスペースに体を入れてみると、居心地はそう悪くなかった。もうすでに暗闇が迫ってきていたので、その日はそこで一夜を過ごすことにした。

雨具は持っていなかったが、ザックはザックカバーを備えたものだった。そのザックカバーを腰から足に巻いて、寒さをしのいだ。食料は昼に食べたものがほぼすべてで、残っているのは小さな三角パックの柿ピーが一袋だけ。夜にそれを食べたらやたらしょっぱく、「これは水が欲しくなるな」と思ってすぐにやめた。ふだん電子タバコを吸っているが、ザックまで水に浸かったので吸えなくなってしまった。

夜は自分の足元さえ見えないほどの真っ暗闇だった。ヘッドランプは持っておらず、再度、火をおこそうとしたが、湿った落ち葉では煙が目にしみるだけで、やはり火はつかなかった。結局、ガスライターはそこに置いてきてしまった。

それでもこの時点では、深刻な事態になったという認識はなく、まだ気持ちに余裕があった。スマホはずっと圏外だったが、もうちょっと下ればつながるだろうと思っていた。車を停めてあるところには自動販売機があったので、明日、下山したら、そこで飲み物を買おうとも思った。ただ、妻が心配しているであろうことを考えると目が冴えてしまい、一睡もできずに朝を迎えることになった。

11日の朝、行動開始前の7時57分、LINEで妻に「たすけて、そうなんした国見岳の川沿いにいる」とメッセージを送り、コンパスアプリのスクリーンショットを添付した。それには現在地のデータ——北緯32度32分5秒、東経131度2分20秒、高度1050メートル——が記されていた。送信はできなかったが、妻には定期的に現在地のデータをLINEで送るつもりだった。

前日に登山を開始したときに、同行者が「新登山口の標高は1500メートルぐらいなんだよね」と言っていたのが耳に残っていた。ビバーク地点の標高が1050メートルだから下りすぎているので、1500メートルまで登り返そうと思った。しかし、新登山口の実際の標高は約1020メートルである。1500メートルというのは、同行者の勘違いか横田の聞き違いかと思われる。

登山の前に見ていた地図で、「登山口はたしか南の方角だったよな」と思い出し、太陽が昇ってきた位置から「こっちが南だろう」と定め、沢沿いの急斜面を登りはじめた。

横田が妻に送ったデータから推測すると、前日下ってきたのは上の小屋谷上流部で、夕方になってその枝沢の左谷（五勇谷）に入り込んでビバークし、この日は左谷を遡っていったものと思われる。だから実際に進んだのは、南西の方角だった。

道なき道に平坦な場所はいっさいなく、木の根を掴み、地面に這いつくばり、しゃがんだ体勢で藪を掻き分けながら、ひたすら登り続けた。迂闊だったのは、水筒に水を補給していなかったことだ。ペットボトルの水は前日に全部飲んでしまっていた。前の夜は雨が降っていたうえ、沢に首まで浸かって全身が濡れていたため、寒さが非常に厳しく、沢の水を補給しようという考えすら思い浮かばなかった。しかしこの日は天気がよく、やたらと喉が渇いたので、何度か沢まで下りて水筒に水を補給した。

昼過ぎごろになって、「この方向でいいのだろうか」という違和感を感じるようになり、沢から離れて斜面を登っていくことにした。負傷した足をかばいながら、10分登っては15分休むことを幾度となく繰り返した。とにかく喉が渇いて仕方なかったが、沢から離れてしまったので、水は補給できない。前夜の雨で、木の切り株の窪みに濁った雨水が溜まっていたのでそれを飲み、木の葉に付いている水滴をすすって、なんとか耐えた。途中、崩落したザレ場に差し掛かったときに、ちょろちょろと湧き水が出ているところがあった。

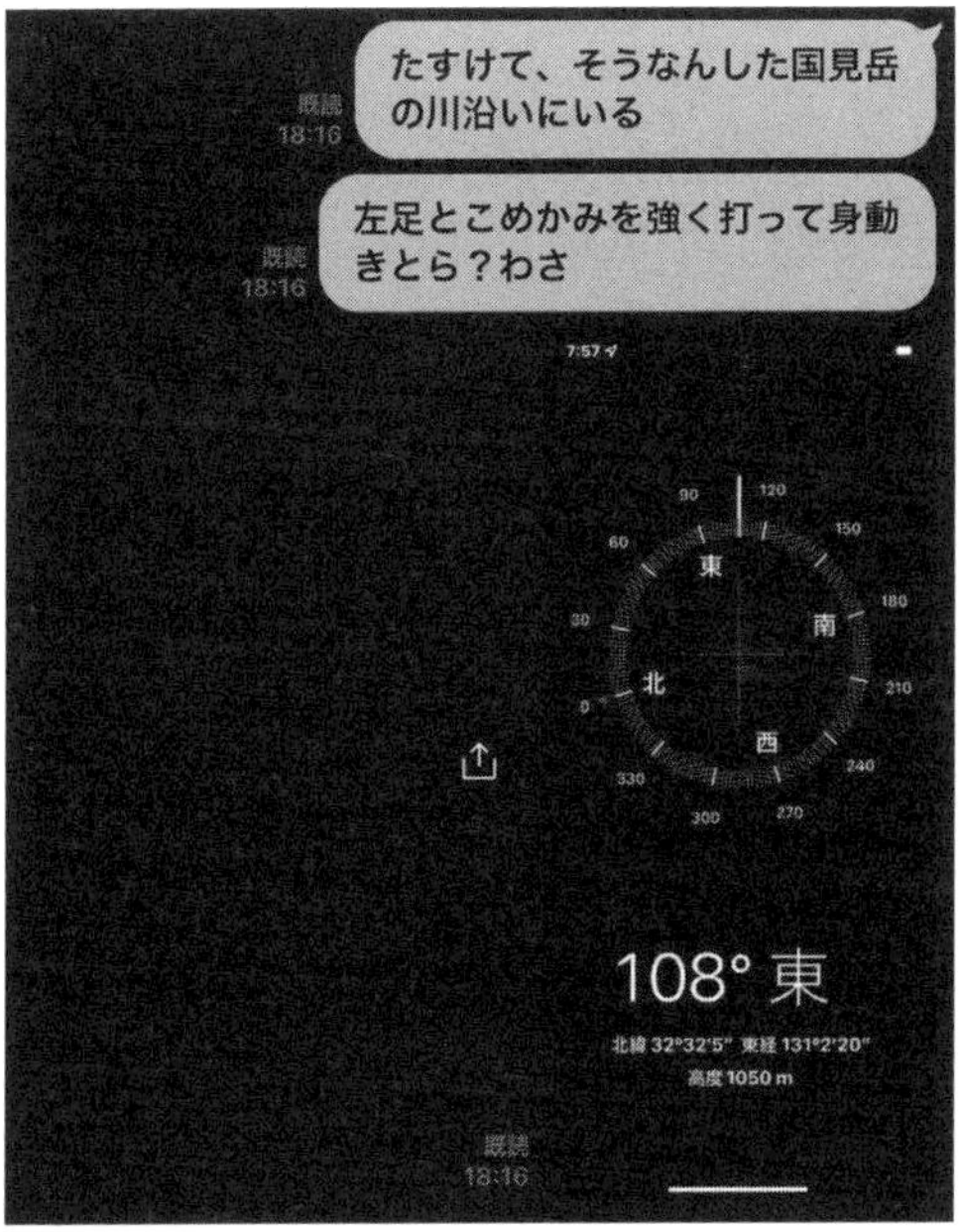

助けを求めるメッセージを妻にLINEで送った

「助かった！」と思い、喉の渇きを潤し、水筒にも水を補充した。

結局、この日も下山できず、夕方の5時半ごろに行動を打ち切った。濁った雨水か沢の水が体に合わなかったのか、このころから吐き気がとまらなくなり、えずきがひどくなっていった。何度も何度も「おえっ」「おえっ」とえずくのだが、なにも食べていないので、水と胃液しか出てこなかった。

周囲にはビバークに適した平坦な場所がなく、傾斜のある斜面を寝場所にするしかなかった。横になるとずるずる落ちていくので、木に足をかけて落ちないようにした。体に当たる木の根っこや小石が不快に感じ、手や足で土を掘ってなるべく平坦にならし、空にしたザックを敷いて横になった。眠りに落ちそうになるたびに、木に絡めていた足が外れて滑り落ちそうになり、はっとして目が覚めた。遭難して2日目の夜も、ほとんど眠れなかった。家族のことが頭に浮かび、「明日こそは絶対に帰ろう」と誓った。

この日の昼間、ヘリが飛んでいるのが見えたが、「自衛隊のヘリでも飛んでいるのかな」と思っただけだった。実際には捜索が始まっていたのだが、山岳遭難事故の捜索がどのような手順・段取りで行なわれるか、これまで気にかけたこともなかった。そもそも、誰かが自分を捜しているなどとは思いもつかなかった。

「いっしょに山に登った2人は、下山したときに私がまだ下りてきていないことに気づいたはずですが、どこかで滑落して死んでしまったものと考えているのだろう、そう思ってました」

12日は朝5時半ごろから動きはじめた。前日に続いて斜面を登っていったが、疲労と眠気で思うように力が入らず、何度も滑り落ちては登り返した。

この日は12時32分と午後6時43分に現在地のデータをとって妻に送ろうとしているが、それを見ると、6時間をかけてほんのわずかな距離しか移動していないことがわかる。疲労困憊していたのだろう。なお、6時43分に位置情報を取ったのを最後に、携帯電話のバッテリーが切れてしまったため、その後の位置情報は記録されていない。

日没間際になって、比較的平坦な場所がたまたま見つかったので、そこに体を横たえた。ザックカバーを体に被せ、眠れないとわかっていながら目を閉じ、朝を待った。

13日も、疲れた体を引きずるようにして、早朝からひたすら斜面を登り続けた。足を動かすのが辛かったが、とにかく死に物狂いで登っていった。

えずきは依然として続いており、喉の渇きも耐え難かった。ヘリの音が何度か聞こえ、そのたびに大声で叫んだが、もちろん声は届かない。

夜は寒さと不安でほとんど眠れていないため、昼間、休憩を取るたびに睡魔が襲ってきた。30分ほど寝入ってしまって目が覚め、「わ、寝ちゃったな。時間がもったいないなかったな」と思ってまた行動再開することを繰り返した。

左足の脛の傷の程度は確認していなかったが、サポートタイツ越しに傷口から体液が滲み出ていることはわかった。休憩中の眠りから覚めると、その箇所に小さなハエのような虫がびっしりとたかっていた。それが気持ち悪くて追い払うのだが、すぐにまた寄ってきた。夜になると虫はいなくなったが、翌日以降も日中になるとたかってきたので、「助かっても左足が使えなくなっちゃうんじゃないか」と心配になった。

夕方の5時ごろ、古びた道路標識とガードレールが現われて、林道に飛び出した。林道といっても半ば土に埋もれて木々が生えているので、ちょっと見ただけでは林道だと気がつかないが、久々に目にする人工物に、「わ、これで助かった。よかった」と嬉しさが込み上げてきた。

林道の右方向は土砂崩れによって埋もれていたため、左方向に進むしかなく、そのまま林道を左にたどっていった。平坦な道を歩くのも久々だった。

しばらく行ったところに、湧き水が流れていた。喉の渇きが限界に達していたので、無我夢中で飲んだ。ようやく人心地がついたときには、ほぼ真っ暗になっていた。この時点で行動を打ち切り、ここで一夜を過ごすことにした。

14日も朝5時半ごろから行動を開始し、林道をたどっていった。しかし、土砂崩れや崩壊によって寸断されている箇所が次々と現われ、そのたびに山側の斜面を大きく迂回して越えていった。

斜面の登り下りを幾度となく繰り返していたとき、上のほうにコテージのような建物が見えた。「よかったぁ～。助かった！」と喜び、そこまで行こうとしたが、いつの間にか建物は消えていた。「せっかくここまで登ったのに……」と落胆してぼんやり遠くを眺めていたら、今度はガードレールが見えた。「あれは間違いなくガードレールだよな」と思いながらそちらのほうへ行ってみたら、やはりなにもない。

「このときから完全におかしくなったと思った」と、横田は言う。

幻覚ではなく、昼間はヘリが何度も上空を通っていった。そのたびに大声で叫んだ。ヘリは上空のかなり高いところを飛んでいた。それでもヘリが見えている間は、とにかく大声でずっと叫び続けた。

えずきはなおも続いていた。「おえっ」となったときに胸に力が入るので、ずっと胸が痛かった。空腹感はまったくなかったが、喉の渇きがひどかった。それまではなんとか耐えていたが、いよいよ限界に達していた。この日、吐いた胃液と小便を、初めて飲んだ。アリも食べた。アリをぷちっと噛んだときに出てくるわずかな体液でさえ貴重だった。

夕方になって、再び幻覚を見た。薄暗いなか、シャクナゲが茂っている林道で、うずくまった女性が赤ちゃんを抱いていた。一瞬、「あれ、登山者かな。自分と同じように道に迷っているのかな」と思ったが、久しぶりに人に出会えたことが嬉しかった。今後の同行者が現われたことで、心強くも感じた。こんな山奥に赤ちゃんを抱いた女性がいるはずもないのに、それが不自然だとはまったく思わなかった。

自分の存在に気づいていないのか、女性は微動だにしなかったので、「すみません」と声を掛けた。すると彼女はすっと立ち上がり、赤ちゃんを抱いたまま反対方向に走り出していって、姿が見えなくなってしまった。それでも幻覚だとは思わなかった。「あれ、どうしたんだろう」と不思議に思っただけだった。

日が暮れたのち、林道の脇に体を横たえ、目を閉じた。ふと気がつくと、どこからともなく「ざっ」「ざっ」という足音が聞こえてきた。目を開いても真っ暗でなにも見えない。「幻聴だろう」と思ったが、とにかく怖かった。それでもいつの間にか眠りに落ちていた。遭難して以来、いちばん眠れた夜だった。

遭難して6日目となる15日は、いちばん辛かった日だからよく覚えている。それまでは朝5時半ごろから動きはじめていたが、この日は7時半ごろまで動けなかった。目は覚めていたが、体を動かせなかった。

なんとか行動を開始して林道を歩きはじめたが、間もなく崩壊箇所に行き当たり、迂回するために斜面を登っていった。そのまま登り続け、いったんは国見岳から五勇山へ続く稜線上に出たようである。

「たぶん稜線まで上がっているんです。そこには登山道があるはずなんですが、『どうせ幻覚だろう』と思ってしまいました。もうそのころには、標識やガードレールなんかが見えても、すべて幻覚だろうと思い込むようになっていました」

再び斜面を下っていく途中の昼ごろ、土砂降りの雨に見舞われた。急いで林道まで下り、なるべく雨に濡れないように、林道の傍らの瓦礫の下に身を潜めた。雨は夜中まで降り続け、結局、この日はそこから一歩も動かなかった。時間だけがゆるゆると過ぎていくなかで、「南無妙法蓮華経」というお経を唱える声や鐘の音がずっと聞こえていた。

幻聴を聞きながら考えていたのは、「明日はどうやって死のうか」ということだった。横田が言う。

「とにかくキツかった。頭がおかしくなりそうでした」

死ぬ前に、妻と小学生の娘、生まれたばかりの息子に遺書を書いておきたいと思ったが、紙とペンがなかった。仕方なく、石をペン代わりにして、そばにあった大きな石に削りつけた。子供たちには「ごめんね」と、妻には「再婚してください」などなど、思いつくことをつらつらと書き連ねた。書いたところで、誰にも見つけてもらえないであろうことはわかっていたが、〝念〟として残しておきたかった。

夕方になって、また幻覚を見た。ちょっと離れた林道脇の木で、人が首を吊っていた。それを見て、「あ、私はもう助からないんだな」と思った。

そこは、これまでビバークしてきたなかでいちばん開けた場所だったので、空がよく見えていた。雨は降っていたが小雨となっていて、朧《おぼろ》月のような月が滲んで浮かんでいた。

その月明かりに照らされて、緩やかにカーブを描いている林道に、びっしりと人が並んでいるのが見えた。雨が降っているのに、誰も傘はさしていなかった。

人々はゆっくりと歩みながら、横田の1メートルほど目の前を通り過ぎていった。ひとりひとりはぼんやりとしか見えないのだが、そのシルエットで男性か女性か、年寄りなのか若者なのかがわかった。通り過ぎる際に、誰もが無言で横田を一瞥した。彼らは、自分を見るためだけに、長い列を成していた。それを見ても、もはや驚く元気もなかった。

人々が代わる代わる自分を見て通り過ぎていくなかで、ひとりだけ「おい」と声をかけてきた男がいた。

「お盆だから、誰も迎えにはこないぞ」

と彼は言った。それを聞いて、「あ、そうか。今はお盆か」と思った。

いつの間にか眠りに落ち、うとうととしては起きることを何度か繰り返したが、目が覚めるとまだ人の列があった。列は明け方近くまで続いた。

8月10日の朝、夫が家を出ていったとき、妻の桂子（仮名）はまだ眠りのなかにいた。登山に行くということは前日に知らされていたので、起きて姿がないことを認め、「あ、もう行ったんだ」と思った。

桂子自身には登山の経験はなく、夫の登山についてはハイキングのようなものだろうというイメージを持っていた。夫がこれまでに山に行ったときは、夜になればなにごともなく帰宅していたし、今回もふつうに山に登って、ふつうに帰ってくるものだと思っていたから、なにも心配はしていなかった。

この日は娘の習いごとがあり、夕方に迎えをお願いしていたが、「帰りは夕方ぐらいになる。もしかしたら間に合わないかもしれない」とも聞いていた。いちおう、間に合わなかった場合に備えて、自分もすぐに動けるように準備はしておいた。そして夕方6時になり、なにも連絡がなかったので、「あ、やっぱり間に合わなかったんだ」と思い、娘を迎えにいって帰宅した。

ところが、7時になっても連絡は入ってこなかった。それまでは、遠方で仕事があって帰るのが遅くなるような場合は、必ず連絡があった。

「あれ？　これはちょっとおかしいな、と。『どこにいる〜？　夕方帰るんじゃなかったっけ〜？』と思い、電話をかけたりLINEを送ったりしました。もしかしたら疲れて車の中で寝ているのかな、などと想像が膨らんでいきました」

夜9時ごろになって、ようやく電話がかかってきた。しかしそれは夫からではなく、八代警察署からの電話だった。

「横田慎二さんの奥様ですね」

そう言われた瞬間、なにが起きたのかをほぼ察してしまった。

この日の昼過ぎ、国見岳の山頂からひと足先に下りはじめた横田のあとを追い、同行者の2人はおよそ10分後に山頂をあとにした。しかし、いくら下っていっても横田に追いつかず、そのまま車を停めたところまで下りてきてしまった。先に下山した横田はそこで着替えでもしているのだろうと思っていたが、彼の姿は見当たらない。しかも横田の車は停めたままである。2人はルートを途中まで登り返すなどして、あちこち捜し回ったが、それでも見つからなかったため、午後5時半ごろ、警察に通報したのだった。

桂子に連絡をした警察官は、「ご主人がまだ山から下りてきていないので、最寄りの警察署に捜索願を出しにいってください」と言って電話を切った。桂子はすぐに夫の母親に連絡し、いっしょに警察署に出向いていった。子供は、署に近い桂子の実家に預けた。捜索願を出すときに、「もう夜なので、今日は捜索できない。明日の朝から捜索を開始する」と言われ、夫の特徴を伝え、写真を提供して帰宅した。桂子がこう話す。

「もちろん動揺はありました。でも、今思うと、まだ軽く考えていたと思います。ひと晩どうにかがんばってくれたら見つかるだろう、と」

捜索の拠点となった八代警察署は自宅から遠く、夫が行方不明になっている山はさらに車で奥深く入ったところだと聞いていた。すぐにでも現地に駆けつけたいと思っていた桂子に対し、義母は「私が行ってくるから、あなたは家にいて」と言った。言われてみれば、現地に行ったところで、登山経験のない自分が山に入れるわけがない。また、長男はまだ生後間もなく、頻繁に授乳をしなければならなかった。残念ではあるが、義母に従うことにした。

ただし、家にいてもできることはある。それはすべてやろうと思った。そして真っ先に行なったのが、SNSを通しての呼びかけだった。

「こうした場合、Twitter（現在のX）が解決の一手になったというニュースをときどき見ていたので、まずそれをやってみようと。もともとあまりTwitterは使っていかなったし、私のフォロワーは10人もいませんでしたが、やってみる価値はあるんじゃないかと思ったんです」

いちばん最初の発信は、捜索が始まった11日の午前7時40分。

〈#拡散お願いします。

熊本県八代市の国見岳という山で夫が行方不明です。登山中、8／10（水）13：00頂上付近を最後にその後行方不明となっており、現在警察と消防で捜索中です。（中略）少しでも情報を持っている方、DMください〉

これをツイートした直後から、登山を趣味としている人をはじめ、八代市在住者、八代の消防署に知り合いがいる人など、さまざまな人たちからたくさんの反響が寄せられた。たとえば、「登山者向けアプリへの登録はしていましたか」「ココヘリの会員になっていましたか」「ここ(民間の山岳救助隊、救助犬派遣団体、捜索ボランティア団体、ドローンサービス団体など)に連絡してみてはどうですか」「携帯電話の会社に直接連絡して電波記録を調べてもらったら」「クラウドファンディングの準備はしていますか」「SNSでの発信の仕方、注目してもらう方法を教えます」などなど。

山のことはなにも知らなかった桂子にとって、返信には初めて聞く言葉ばかり並んでいたが、見ず知らずの彼らはいろいろなことを親切に教えてくれた。そしてそれらのアドバイスに従い、できることはすべて実行した。

調べてみると、夫はYAMAPのアカウントを持っていたので、パスワードを推測してログインし、手掛かりとなるような情報がないか探してみた。捜索ボランティアの団体からは、「捜索を行なうので詳細な情報を教示・発信してほしい」と言われた。民間山岳救助隊やドローン会社の代表者からも捜索への協力申し出があった。また、夫の同行者のひとりにも電話で話を聞いた。

「どうしてこのようなことになったのか、経緯をお聞きしました。『申し訳ありません』と謝られましたが、私は混乱していてなにも言えませんでした。その方は翌日の捜索にも参加されていて、心身ともに疲れていたようなので、『そうですか。わかりました』とだけ伝えて、話は終わったと記憶しています」

夫の遭難が明らかになって捜索が始まった11日、桂子はすぐにでも見つかるものと思っていた。下山するルートはわかっているのだから、本人がひと晩だけがんばってくれれば、帰ってこられるはずだ、と。ところが、捜索初日の夕方にもたらされたのは、「手掛かりがなく捜索は終了した」という知らせだった。それを聞いて膨らんだのが、「ルートがわかっているのに、その周辺を一日捜しても見つからないのはどうしてなんだろう」という疑問と不安だった。

「国見岳がどのような山なのか、現地に行ったことのない私にはなんの知識もありませんでした。また、山の捜索がどのように行なわれるのかということさえわかっていませんでした。だから、水や食料もなく、二晩も山で過ごすことができるのだろうかと、不安が募りました。7歳の娘には詳細は話していませんでしたが、誤魔化せる年齢ではないので、『お父さんは山に行って帰り道がわからなくなっているから、今捜してもらっている。帰ってくるまでに少し時間がかかるかもしれないよ』と話していました」

捜索2日目以降、警察と消防の捜索隊からは、朝に「本日は○○人態勢で捜索に入ります」という連絡が、夕方4時前後には「本日はこの場所を捜しましたが、手掛かりはありませんでした」という連絡が入った。その定期的なやり取りの際には、警察の担当者から毎回、励ましの言葉をかけられた。捜索の進捗状況は常に気になっていたが、捜索エリアはほとんど携帯の電波が入らない場所だったし、捜索の邪魔をしてもいけないと思ったので、桂子からは極力、連絡しないようにした。

ボランティアによる本格的な捜索が始まったのも12日からだったようだ。といっても組織立った捜索隊が編成されたわけではない。Twitterを通じて協力を申し出たボランティアは、桂子から提供された情報——夫の当日の服装、装備、遭難するまでの経緯など——をもとに、個々もしくは小グループで山に入って捜索を行なった。ボランティアによっては、その結果をYAMAPなどで報告する者もいた。

しかし、バラバラに捜索を行なったのでは、同じ場所を何度も捜すというようなロスが出てしまい、効率が悪い。そこで協力者のひとりが取りまとめ役を買って出て、桂子と連絡を取り合いながら、個々のボランティアが捜索した場所を集約した。そのエリアを地図上で塗りつぶしてTwitterで公開した。もちろん、ボランティアたちによる捜索だけではなく、警察や消防の捜索隊とも情報を共有し、捜索範囲を絞り込んでいった。

だが、捜索3日目となった13日も、なんら手掛かりは得られずに一日が終了した。この日の捜索を終えたという連絡を受けたとき、初めて「もしかしたら、もうダメかもしれない」という思いが桂子の頭をよぎった。

「娘に『お父さんはもう帰ってこない』と言わなければならないのか、そうしたら娘はどんな顔をするのか、娘はなんと言うのか、嘘つきと言われるのか、などと考えてしまいました。その一方で、山のなかでひとりで助けを待っている姿が想像でき、『夫はきっと自力でがんばっているに違いない』とも思えました。協力してくれる方々がたくさんおられたので、絶対に諦めない、見つかるまでこちらが諦めてはいけないと、自分を奮い立たせました」

娘の前では泣かないように努め、できるだけ笑顔でいるようにした。4日目以降も、ただ無事を祈り続けるのではなく、自分ができる限りの、「発見につながる意味のある行動」をとるよう心掛けた。ちょっとでも時間ができればTwitterを確認し、各方面の人たちと連絡を取り、提案された手段があれば、それをひたすら試した。そしてその結果を、提案してくれた人に感謝とともに報告した。

だが、成果なく捜索が終わった15日の夕方、警察から「本日を以て捜索を終了する」と告げられた。それでも諦められない桂子は、Twitterに次の投稿をした。

〈本日8／15も手がかりなく捜索が終了してしまいました。本日で警察での捜査は終了とのこと。協力してくださったボランティアの皆様、本当にありがとうございました。もし、この先もご協力頂けるという方がいらっしゃればお声がけ頂ければ幸いです〉

〈自身でも調べておりますが、九州地方で山岳捜索を依頼できるような会社や団体をご存知の方がいらっしゃったらアドバイスください。有料でも構いません。どうかよろしくお願いいたします。夫が昼も夜も一人で救助を待っているかと思うととてもつらいです〉

このときの心境について、のちに桂子はこう語っている。

「もうダメかなと思ったこともありました。でも、待っていると想像がつくかぎり、眠ると申し訳ないんです。食べると申し訳なくなるんです。どっちにしても見つかるまでやり続けないと、この辛さは拭えない。もし自分だったらと考えても、すごく怖いし、耐えられない。一刻も早く見つけたい。安心させてあげたい。その一心でした」

遭難して7日目、夜が明けて16日の朝が来た。もうほとんど動くことはできなかったが、少しだけ戻ったところに、今いるところよりももっと開けた場所があることを思い出した。ヘリで見つけてもらうことに望みを託し、そこまで移動した。その場所から背後の斜面をちょっと登ると、崩れた土砂の隙間から湧き水が流れていた。水筒に水を汲み、開けた場所まで戻って、ヘリが飛んでくるのを待った。

それまでは1日2、3回程度、日によっては4回ほど行政ヘリが飛んで捜索が実施されていたが、警察と消防による捜索は前日で打ち切られていた。ヘリによる捜索も当然、打ち切られたはずだが、「この日もヘリは飛んでいて、上空を通過していった」と横田は言う。実際にどこかのヘリが飛んだのかどうかはわからない。あるいは幻覚だったのかもしれない。ヘリが来るたびに、木の枝に白いTシャツを引っ掛けたものを振り回して合図を送った。しかし擦り傷と切り傷でぼろぼろになった手では木の枝を持っているだけでも辛く、振るのを諦めてそばに立てかけておいた。

7日間ずっと履きっぱなしだった靴は雨や汗などでぐちょぐちょになっていて、無性に脱ぎたくなった。指先も傷だらけだったので、靴紐を解くのに苦労したが、なんとか脱いで久しぶりに裸足になった。それはぶにゅぶにゅと腫れてシワシワになっており、とても自分の足だとは思えなかった。触れると痛く、立つこともできなくなった。

死ぬことを真剣に考えたのはこの日の昼ごろだった。それまでは、小便をするときにはちゃんとパンツを下ろしていたのだが、この日はパンツを下げることができずに、履いたまましてしまった。それがとても惨めに感じられ、「ああ、もうダメだな」と思った。

死ぬとしたら、どんな方法がいいのか。この林道から飛び降りるか、舌を噛むか、石で頭をかち割るか。でもやっぱり楽な死に方のほうがいいよなとも思った。

朝、水筒に汲んだ水も、いよいよ残り少なくなってきた。湧き水があるところまで行く力は、もう残っていなかった。

「この水がなくなったら、やっぱり林道から飛び降りるか」

林道脇に横たわった状態でそんなことを考えていたときに、「動くな！　大声で叫べ」という声が聞こえてきた。車やバイクの音、人の声などの幻聴がずっと聞こえていたので、「これも幻聴だな」と思った。だが、大声で「叫べ〜」という声が聞こえ、続いてカンカンカンカンという鐘のような音がした。

「あれ、今までの幻聴とは違うな」と思い、「おーい」と叫んだら、3人の人が林道をこちらに向かって歩いてくるのが見えた。もう一度「おーい」と叫ぶと、彼らは「よかったぁ〜」と言いながら近づいてきた。それまでにも何度か救助される夢を見ていたので、「これも夢なんだろうな」と思いつつ、「助けてください」と声に出した。すると、すぐそばまで来た3人のうちのひとりが、こう声を掛けた。

「横田さんですか。桂子さんが心配していますよ。家に帰りましょう」

妻の名前を聞いて、「これは夢じゃない。現実なんだ。助かったんだ」と思った。そのとたん、涙が溢れてきた。声を上げて泣いたのは、遭難して初めてだった。

発見された時刻は午後2時半ごろ。発見者はボランティアで捜索してくれた人たちであることをあとで知った。

ボランティアはその場から消防に「遭難者発見」の一報を入れ、防災ヘリが現場に来ることになった。


桂子のもとには、消防から「生存発見」の一報が入った。

「見つかりましたよ。生きているし、意識もあります」

「体の状態はどうですか」

「擦り傷はありますが、見たところ命に関わる大きなケガはないようです。会話もできます。これから救助ヘリが向かいますので、安心してください」

その言葉に、桂子の目から涙が溢れた。礼を述べることしか思い浮かばず、何度も「ありが

捜索ボランティアに7日ぶりに発見されたときの様子

発見現場となった林道。丸印のあたりで発見された

とうございます」と繰り返した。近くには母親と娘がいたので、「見つかった。大きなケガはないみたい」と伝えると、母親も泣きはじめた。娘には「お父さん、もう少しで帰ってくるからね」と伝えた。娘は娘なりに、この数日間の緊迫感を感じ取っていたのだろう、ぼろぼろと涙をこぼした。

夫が発見されたことを、桂子はTwitterでこう報告した。

〈夫が見つかりました!!!!!

意識あり大きなケガないそうです。

皆さま、本当にありがとうございました。取り急ぎご報告です〉

横田はボランティアから借りたウインドブレーカーを着込み、「これにくるまっていなさい」と言って渡されたエマージェンシーシートを体に巻き付けてヘリの到着を待った。遭難中は「助かったらなにを食べようか」と考えていたが、差し出されたジャムパンは体が受け付けずにすぐにもどしてしまった。体を温めるために味噌汁もつくってくれたが、それも飲めなかった。ただ、経口補水液だけは一気飲みした。

ヘリを待っているときに、ボランティアに「なんで私が遭難していることがわかったんですか」と尋ねたら、「君の奥さんのTwitterを見て、捜索に加わったんだ」という答えが返ってきた。それを聞いて、ほとんどTwitterを使っていなかった妻が、自分を見つけるために手を尽くしてくれていたことを初めて知った。

やがてヘリの音が聞こえてきたが、場所を特定するのに苦労している様子だった。横田の頭の中を占めていたのは、とにかく一刻も早く家に帰りたいという思いであり、「早く見つけてくれ」と願い続けた。

事故を報じた熊本県民テレビによると、現場周辺は木が生い茂った緑一色の樹林帯で、上空からの目視による捜索は困難を極めたという。また、天気も悪化しつつあり、機体の燃料にも限りがあるため、救助活動は時間との闘いだった。

そんななかで、ボランティアのひとりが機転を利かせ、遠くに見えるヘリに向かって、オレンジ色のエマージェンシーシートを大きく振って合図を送った。それが隊員の目に留まった。ヘリから現場に降下した隊員は、もう自力では動けなくなっていた横田に、「よくがんばったね。もう少しがんばりましょう」と声を掛けてピックアップした。

そのまま直接、八代市内の病院に搬送されたのが午後5時18分。発見から3時間近くが経過していた。

病院ではすぐに全身の検査と治療が行なわれた。意識は朦朧としていたが、いろいろな機械に入れられた記憶はある。滑落したときに負った左耳と左足の傷、それに山のなかを彷徨中にボロボロになった足の指先は手術で縫合された。遭難中は怖くて確認できなかった左足の傷は、骨が見えるほど深いものであり、筋肉との間に泥が入り込んでしまっていたが、幸い感染症にはかかっていなかった。手の指先も擦り傷と切り傷だらけで、どの指をパルスオキシメーター(血液中の酸素飽和度を測定する機器)に挿せばいいのかわからないと、看護師がぼやいていた。

すべての処置はこの日のうちに終わり、その後、集中治療室に入れられた。

妻と娘には、集中治療室を出た翌17日の昼に面会することができた。なんと言っていいのかわからず、まずは謝ろうと思っていたら、妻のほうから「もっと早く見つけてあげられなくてごめんね」と謝られた。「あと、SNSで顔を出しちゃったんだよね。ごめんね」と言われ、「あ、そうなんだ」と返したら、担当の看護師に「あなた、有名人よ」とからかわれた。それからあとは、もう言葉が続かなかった。

バッテリーが切れていた携帯電話の充電を始めたとたん、多くの人たちからのメールや通話の記録が次から次へと届きはじめ、自分の事故が大ごとになっていたことを痛感した。

自分を捜し出すために、警察や消防、ボランティアなど、総勢数百人規模での捜索が行なわれたことは、入院中に知った。現地には来られずとも、Twitterで妻を励ましてくれた人、近所の神社に無事を祈願してくれた人などもいた。そのすべての人たちに対し、慎二と桂子は次のように感謝を述べる。

「自分がしでかしたのは、死んでもおかしくない、軽率な行動です。それにもかかわらず、ほんとうにたくさんの方々が、その時々で動き、支え、助けてくださいました。それは、『こんな世界があったんだ』という驚きでしかありませんでした。ほんとうに心から感謝しています。感謝してもしきれません」

「私は信心深いほうではなかったのですが、毎日神仏にお参りをして、生きていること、家族が元気でいることに感謝するようになりました。そして、警察や消防、ボランティアの方だけでなく、世の中の顔も名前も知らないたくさんの方々が私たちを励まして助けてくださったことを忘れず、これからは少しでもこのご恩を世の中に返しながら過ごしていきたいと思っています」

入院生活は5日間ほどに及んだ。早く家に帰りたかったので、「帰らせてくれ。あとは通院するから」と頼み込んだ。ちょうどそのころは新型コロナウイルスが再流行しはじめていたので、すんなり退院することができた。

退院後しばらくは通院していたが、回復は早く、9月中旬には仕事に復帰した。遭難前は74キロだった体重が、救助されたときには63・2キロまで落ちていた。以前は太り気味なことが気になっていたので、この体重を維持しようと思った。

幸い、身体的な後遺症はいっさい残らなかった。ただし、PTSD（心的外傷後ストレス障害：命の危険にさらされるような、圧倒的かつ衝撃的なトラウマ体験をしたことによって生じるストレス症候群）を発症してしまった。

たとえば、事故後しばらくは夢遊病に悩まされた。自分ではまったく覚えていないのだが、睡眠中に起き出して、自室や玄関に行って靴を探していることが何度かあったという。「靴がなければ家に帰れない」という強迫観念に起因するのだろう、妻が「もうここはおうちだよ」と言って落ち着かせてくれて、ようやく眠りについたという。

また、赤ん坊の鳴き声もトリガーとなった。遭難中に、赤ん坊を抱えた女性が逃げていった幻覚を見た影響だと思うが、我が子の夜泣きさえも恐ろしく、泣き声が聞こえてくると嘔吐してしまった。

遭難して以来、一日たりとも山での体験を忘れたことはなかった。水を飲むとき、寝るとき、なにかを決断するときなど、なにをするにしても山で経験したこと、それも辛かった出来事ばかりが思い起こされた。

「それで半年間は悩まされました。どうやって会社に行ったらいいのか、自分の家の中に入るにはどうしたらいいのかわからなくなってしまったこともありました。完全にPTSDの症状ですよね。今はだいぶ落ち着いてきていますが、心療内科には通い続けています。薬を飲むと、副作用がほんとうにキツいんですよ。なにも予定が入っていない日があると、生きている意味とかをすぐに考え出して突き詰めてしまうんです。そういう癖がついてしまいました。だからできるだけ暇にならないよう、忙しくする日々を送っています」

唯一、酒を飲んでいるときだけは、遭難したときの辛い体験を忘れられた。酒を飲むと気分が高揚し、生きているという実感がある。医者によると、酔っ払うと自律神経が麻痺するらしい。そのせいで酒の量が増えたので、ちょっとは控えなければと思っている。

キツかったのはPTSDだけではない。SNS上での誹謗中傷もかなりこたえた。事故はマスコミにも大きく取り上げられたうえ、妻やボランティアもSNSで情報を発信していたので、ネット上には反応が溢れ返った。ほとんどは応援や励ましのメッセージだったのだが、「税金泥棒」「売名行為だ」「遭難して儲けたね」「テレビの取材でいくらもらったの?」といった誹謗中傷も散見された。嫌味を直接言われたこともあった。そしてその矛先は、横田だけでなく、妻やボランティアにも向けられた。桂子がこう話す。

「誹謗中傷は1割もなかったと思います。それでも『自業自得なんだから人を頼るな』『税金や公的労働力の無駄遣い』『謝罪しろ。美談にするな』などというメッセージもありました。そのひとつひとつに反論している暇などありませんでしたし、反論したらほかの人に協力してもらえなくなるかも、という不安もあったので、私や夫への非難にはとくに反論はしませんでした。ただ、協力してくださっている方々を非難するようなコメントには、言葉を選んで対応してました」

誹謗中傷は時間の経過とともに少なくなっていったが、完全になくなったわけではない。1年以上が経った今でも、SNSでたまに叩かれることがあるという。

遭難して山中を彷徨っているとき、横田は国見岳の山頂で「先に下りる」と言ったことを深く後悔し続けていた。その後悔は、ずっと拭えないでいる。先行したのは、なにより「足手まといになりたくない」という気持ちがあったからだが、そればかりではない。

山頂でスマホの受信アンテナが1本だけ立ったタイミングで、顧客から何度も着信があった。

しかし電波状態が悪く、通話はできなかったので、「なにかトラブルがあったんじゃないか。早く電波の届くところまで行って折り返さなきゃ」と思ってしまった。さらに、登ってくるときに水溜まりで一度転んで、靴の中がぐしょぐしょになっていた。それがとても気持ち悪く、早く下りて靴を履き替えたかった。さらには、娘を迎えにいく時間に間に合わせたいという気持ち。そうしたことがすべて重なってしまい、「早く下りたい」という一心で焦りが生じていたことは横田自身も認める。

それがいちばんの反省点だが、遭難してしまった要因として、ほかにも次の3つを挙げる。

●登山届を出していなかったこと
●どこの山に誰と登って、何時ごろ帰ってくるのかを家族にちゃんと伝えていなかった
●YAMAPをダウンロードしていたのに、活用しなかった

これらをしっかりやっていれば遭難することはなかっただろうし、たとえ遭難しても、すぐに発見してもらえたと思う、と横田は言う。

「この事故のあと、山には行っていませんが、どこへ行くにしても、妻には居場所を知らせるようにしています」

桂子もまた、事故を通して「お互いのことに無関心でいてはいけない」ということを痛感さ

せられた。

「私はもともとあまり人に干渉するほうではないのですが、これまで夫の行動に無関心すぎました。『山登りに行く』という情報しか知らず、どの山に、誰と、どのルートで登るのか、どんな装備で行くのか、下山予定は何時なのかなど、なにも気にしていませんでした。捜索が始まってから、『登山届は出していたか』『保険には入っているか』『食料はどれくらい持っているか』『なんのアプリを使っているか』など、いろいろなことを聞かれましたが、答えることができない自分に絶望し、猛省しました。だからこの一件以来、お互いの位置情報や行動予定を共有するようになりました」

もうひとつ桂子が得た教訓は、「何事においても危険を予測して準備しておかなければならない」ということだ。彼女は、「夫も私も持っていた『無事帰れるだろう』という甘い考えが、今回のことを招いた」と考え、「登山にかぎらず万が一に備えるのはとても重要なことだ」と実感したという。

「山で遭難する人のほとんどは、まさか自分がこれから遭難するとは思ってもいないはずです。でも、遭難するかもしれないという前提のもとで、装備を万全にし、必ず登山届を提出し、計画を家族と共有したうえで山に登ってほしいと切に願います」

改めて事故を振り返ってみて、最後までなんとか正気を保ち続けることができたのは、家族の存在があったからだと横田は言う。とくに小学生の娘と、生まれたばかりの息子の存在は、横田にとってとてつもなく大きなものだった。山のなかをひとり彷徨っているときも、今もし子供たちが隣にいたとしたら、「父親として誇れる行動をしたい」という思いをずっと持ち続けていた。だから子供たちがそばにいるものと思い、「大丈夫だよ。こっちに行けばおうちに帰れるから」と実際に声に出しながら行動していた。

「そのおかげで、何度絶望しても、諦めずにいられました」

一方で、家族や友人、仕事などに対する後悔の念が消えることはなかった。

「たぶん皆さん同じだと思いますが、ふだん私たちは死ぬことを考えて生きていません。いつもどおりの日常生活のなかで、『明日死ぬ』と思いながら生きるなんて無理です。だから遭難中は、『これが最後だとわかっていたら、もっとこうしていたのに』という思いが尽きることはありませんでした。もうほとんど動けなくなっていた状態で、『もし助かったら、後悔しないように生きよう』と思い描くことで、モチベーションを保っていたのだと思います」

精神的にはまだ安定したとはいえず、辛い記憶がフラッシュバックすることもあるが、死の淵から生還した経験は、自分の生き方を見直すきっかけともなった。横田を捜索したボランティアの有志は、ドローンを使って山岳遭難や災害時の人命救助にあたる一般社団法人山岳災害レスキュー連合会「7DAYS」を立ち上げ、横田もこれに参画した。ちなみに7DAYSの名の由来は、横田が遭難して7日目に救助されたことによる。

22年の夏に、国見岳で自分の身に起きたような経験は、「誰にも、もう二度と、絶対にしてほしくない」と強く願う。だからこそ、それを忘れるのではなく、活かしたいと、次の誰かの命を救うことに役立てたいと、横田は考えている。

5章

CASE

長期遭難の事例から

これまでに取材したり資料を調べたりしたなかで、遭難してから救助されるまでの時間が最長と思われるのは、1986(昭和61)年の夏に起きた、北アルプス朝日岳《あさひ》での事例である。

この年の7月8日、28歳の男性が単独で北アルプスの全山縦走を目指し、新潟県の小川温泉から北アルプスへ入山した。まずは朝日岳に登り、後立山《うしろたてやま》連峰を針ノ木《はりのき》岳まで縦走し、富山県側に入り、剱《つるぎ》岳、立《たて》山、薬師《やくし》岳、三俣蓮華《みつまたれんげ》岳を経て槍《やり》・穂高《ほたか》連峰へと向かう、トータル21日間の壮大なプランだった。

ところが入山3日目、朝日岳へ向かう途中の雪渓で滑落し、眼鏡と左足の軽アイゼンをなくしてしまったため、早々に計画を断念せざるをえなくなった。しかも、稜線に登り返さず、そのまま沢を下って下山しようとして、水位が胸元まであるところを徒渉しようとしたときに流されてしまった。溺れる寸前のところでなんとか岸に這い上がったが、そこは絶壁に囲まれた2畳ほどの広さの岩場であった。

進退窮まった彼にできるのは、そこで救助を待つことだけだった。来る日も来る日も、岩場の上でじっとシュラフにくるまって過ごした。当初の計画が長期間の山行だったため、食料はたくさん携行していたが、20日目にすべてなくなった。その後は水だけで飢えをしのいだが、空腹よりも雨と寒さのほうが辛かった。

下山予定日は7月27日だったので、その数日後には捜索が始まるだろうと踏んでいた。だが、月が変わって8月になっても、救助隊はやってこなかった。ビバークを開始して「もう捜索は打ち切られたのではないか」という疑念が日増しに強くなり、ついに彼は覚悟を決める。8月6日、入山時から記録をつけていた手帳に、こう記した。

「晴れたらシュラフを乾かして、全精神力、体力、生命力をふりしぼって、ここから脱出してみようと思う。もし万が一、不幸な結果になったら、どうか僕が精いっぱい生きたことだけを喜んでください。この最後の決死の挑戦が自分に残された全てであり、最後の道です」

翌7日、男性は26日間を過ごした岩場をあとにした。流されたときには胸まであった水かさが、脱出時には腰まで減っていた。体はなんとか動かせた。険しい岩壁にへばりつき、急斜面の登り下りを何度も繰り返し、ひたすら下流を目指した。

黒薙《くろなぎ》山の手前のピークで砂防工事の音が聞こえてきたのは12日のこと。このとき初めて「助かった」と思った。生還できた嬉しさよりも、自分が生きているという事実を、早く母親に知らせて喜んでもらいたかった。入山以来、実に35日ぶりの自力下山であった。

男性が生還を果たした1ヶ月半後の同年9月26日、2人の女子大学生（いずれも20歳）が、日帰りの予定で北アルプスの燕岳《つばくろ》へと向かった。どちらも本格的な山の経験はなかったが、以前から山登りに興味を持ち、「今度の試験休みに山に登ろう」という話が持ち上がって、この日の計画を立てた。登りは合戦《かっせん》尾根をたどり、燕岳から東沢乗越《ひがしざわのっこし》を経由して中房川沿いのコースを下る予定だった。

登りは順調にいき、燕山荘《えんざんそう》で昼食を摂って燕岳へと向かった。だが、その途中、群生していたブルーベリー摘みに夢中になって大幅に時間をロスしてしまい、山頂に着いたときにはすでに午後2時を回っていた。2人は急いで東沢乗越へ向かって稜線をたどりはじめたが、間もなく登山道を外れ、右側に分かれている踏み跡に入り込んでしまった。刻々と夕暮れが迫るなか、「早く下りたい」という焦りから生じたルートミスであった。

急斜面をずるずる滑り落ちるように下っていくと、いつしか沢に出ていた。2人は掛け声を発しながらいくつもの段差を飛び越えていったが、小さな滝を下りるところで2人とも滑落し、ひとりは骨が見えるほどの傷を左膝に負ってしまった。その先、大きな滝に出くわしてとうとう進退窮まり、ビバークせざるをえなくなった。樹林帯のなかでのビバークは、結局、6日間に及んだ。

警察の地上部隊と民間ヘリによる空からの捜索は29日から開始されたが、悪天候が続いたため難航、手掛かりが得られないまま時間だけが過ぎていった。山中で救助を待つ2人には、自分たちを捜索するヘリの機体が見えたので、大声で叫んだり大きく手を振ったりしたが、ヘリからは気づいてもらえなかった。

だが、救助関係者に焦りの色が濃くなりつつあった10月2日になって、「生存している2人を発見した」という無線連絡が飛び込んできた。通常、樹林帯のなかにいる遭難者をヘリで見つけるのは、非常に難しいとされている。その状況下で発見できたのは、2人が傍らの木にしがみついて、力の限り木を揺すったからだった。その樹木の小枝のかすかな揺れにパイロットが気づいたことが、発見につながったのだった。

この遭難を、マスコミは「〝奇跡〟の生還に歓声」「強し!! 女子大生コンビ」などとして大きく報道したが、18年前にも北アルプスの西穂高岳で同様の事故が起きている。68(昭和43)年7月7日、中学校時代の同級生であるWとKの2人(いずれも24歳女性)が日帰りで上高地から西穂山荘を往復しようとし、その下山途中で行方不明になったという事故である。

2人は散策目的で上高地を訪れたのだが、行き合った登山者に「西穂山荘まで登ればお花畑が見られるよ」と勧められ、ついその気になった。しかし、西穂山荘には無事到着したものの、下るときにルートを誤まり、気がつくと背丈が2メートルもあるクマザサの藪のなかに迷い込んでいた。その後、道を探すため偵察に出ていったWは、崖から転落して意識を失ってしまい、

KはWを捜して山中を何日も彷徨《さまよ》い歩くことになる。
2、3日して意識を取り戻したWは、3日間ほど救助を待ったが、誰もやってこなかったため、自力で下山を開始した。ようやく飛騨側の外ヶ谷《そで》の砂防工事現場にたどり着いて身柄を保護されたのは、遭難して9日目の15日夕方のことであった。
残るKの捜索は、Wの証言により外ヶ谷を中心に展開され、18日の午後、外ヶ谷上流の滝の上にいたところを発見・救助された。Wとはぐれたのち、山中でひとり11日間を過ごしたKは、途中で動き回ることをやめて、水が確保できる沢のそばに腰を落ち着けて体力の消耗を防いでいた。この事故は、Kが持っていたチョコレート1枚を毎日少しずつ食べて生き延びたことから「チョコレート事件」と名づけられ、テレビや新聞、週刊誌などで大々的に報じられた。

それから大きく時を下った95(平成7)年8月、礼文島《れぶん》の礼文岳を登山していた31歳の元自衛官が行方不明になり、19日ぶりに救助されるという遭難事故が起きた。男性はTシャツとジーパンという軽装で宿を出発、礼文岳に登って山頂から下りるときに濃霧によって道を見失い、ササ藪のなかに迷い込んでしまった。なんとか自力で下山しようとして山中を彷徨ったが脱出できず、たまたま釣り人に発見されたのは遭難して19日目のことだった。持っていた食料を3日で食べ尽くしたあとは、沢の水だけを飲んでおり、発見されたときは衰弱のため歩けなくなっていたという。

さて、99（平成11）年には、〝奇跡の生還〟的な遭難事故が相次いで起きている。

まずは南アルプス・荒川岳《あらかわ》での事例。50歳の男性が冬山の写真を撮影するため、南アルプス南部を縦走する計画を立てて入山したのは前年の年末のこと。男性は12月30日にマイカーで長野県大鹿村の湯折《ゆおれ》に入り、そこからタクシーを呼んで鳥倉登山口へ向かい、三伏峠《さんぷく》への登山道を登りはじめた。テントに泊まりながら烏帽子《えぼし》岳、小河内《おごうち》岳、荒川岳と縦走し、予定どおり1月7日には大聖寺平《だいしょうじだいら》から下山にとりかかった。ところが、下りはじめて間もなくアクシデントに見舞われる。たどっていった先行者のアイゼンの跡が正しいルートを外れ、前《まえ》岳西側斜面の沢へと続いていたのである。

先行者はクライミングギア一式を携行していたらしく、氷結した滝をクライムダウンしていったようだった。しかし男性はクライミングギアを持っておらず、滝を迂回して下りようとしたときに、足を滑らせて3メートルほど滑落し、左足首を骨折して行動不能となってしまった。やむなくその日はそこにテントを張ってビバークしたが、翌日になると、足は靴に入らないほど腫れ上がり、さらに数日間のビバークを強いられることになった。

ようやく靴に足が入るようになって行動を再開するが、現場は荒川大崩壊地近くの急斜面。滑落しないように、右手にピッケル、左手にナイフを持って雪と氷の斜面と格闘するも、片足が不自由なため行程ははかどらず、わずか1キロ足らずの距離にある広河原《ひろがわら》小屋にたどり着くのに1週間ほどかかってしまった（1月17日着）。翌日は、標準コースタイムで約5時間の湯折へ向けて下山を開始したが、結局、湯折にたどり着いたのは、3日後の1月20日のことであった。

続いて同年5月、志賀高原の岩菅《いわすげ》山では、59歳の単独行男性が17日間にわたって山中を彷徨するという事故が起きた。5月6日、男性は日帰りのつもりで一ノ瀬の登山口から入山したが、スタート時刻が11時30分と遅かったため、稜線上のノッキリに出た時点で登頂を諦め、寺小屋《てらこや》峰経由で東館山スキー場へ下りることにした。ところが、稜線がほとんど雪に埋もれていたことからルートを誤り、下山方向とは正反対の枝尾根に入り込んでしまった。

それから9日間にわたって幾度となく尾根と沢を行ったり来たりしたのち、魚野川の本流まで下りてきた14日以降は、ほとんど動かずに沢のほとりでじっと救助を待った。その間、自力で下山することも考えなかったわけでもなく、下流にあった滝に身を投じれば、運よく生きて下流まで流されるのではないかと考えたりもした。それを実行に移さなかったのは、まだ冷静さを保っていられたからだった。

奇跡が起きたのは、遭難して16日目の21日のこと。毎年その時期にその沢に入っている釣り人が沢を遡ってきて、偶然、男性を発見したのである。

男性の命を救ったのは、入山前にお土産用に買い求めていたワサビ入りマヨネーズだった。持っていた食料を遭難3日目に食べ尽くしたあとは、毎日少しずつマヨネーズを舐めて空腹をまぎらわせていた。たまたま持っていた高カロリー食品のおかげで、彼は生き延びることができたのだった。


この男性は、遭難中に滝から飛び降りることを思いとどまったが、生還するために逆に滝から飛び降りる決断をした遭難者もいる。同年8月、12日から15日の3泊4日の計画で南アルプスの荒川三山を訪れていた52歳の単独行男性は、13日に荒川小屋で幕営したのち、悪天候のため予定を切り上げ、大聖寺平から湯折に下山することにした。

しかし、広河原小屋に近づいてきたあたりで、雨水の流れる水路がルートのように見え、登山道を外れてそちらに踏み込んでいってしまった。途中で「あれ、おかしいな」とは思ったが、広河原小屋はすぐそこだろうから、「このまま下っちゃえ」と、強引に先へと進んだ。しばらく下っていくと、人の足跡が付いている沢に出たので、そのまま沢を下っていった。ところが、行き当たった滝を無理やり下ろうとして、とうとう途中で進退窮まってしまった。そのときに彼が下した決断は、滝を飛び降りることだった。

意を決して滝の上から飛び降り、思惑どおり体は滝壺の中にスポンとはまったかに思えた。だが、次の瞬間、左足に激しい痛みが走った。水中にあった岩に、左足の踵を打ちつけてしまったのだ。

なんとか岸に這い上がったが、左足が地面に触れると強烈な痛みが脳天を突き抜けた。折れているのは間違いなさそうで、この痛みがとれるまではどうにもならないと覚悟を決め、その日から救助を待つ日々が始まった。だが、1週間が経過して21日になっても、救助はやってこなかった。食料も2日前にすべてなくなっていた。このままここにいたのではもう発見されないだろうと思い、自力で脱出することを決意した。しかし、斜面を登り返していく途中で装備を滝の中に落としてしまい、万事休すとなった。

どうにかビバーク地点まで下りてきて、「これからどうしようか」と途方に暮れた。まさにちょうどそのとき、谷の下流から、突如としてヘリが姿を現わした。目の高さと同じ位置にヘリが飛んでいて、パイロットの顔がはっきりと視認できた。そのパイロットと目が合い、初めて「ああ、助かったんだな」と実感した。男性のケガは左足踵の圧迫骨折と診断され、1ヶ月以上の入院生活を強いられることになった。

次に20（平成12）年以降の長期遭難をざっと見ていこう。

同年8月27日、73歳の男性がひとりで「蔵王《ざおう》の雁戸《がんど》山へ登山に行く」と言って家を出たまま消息がわからなくなった。家族の届け出を受けて、県警や消防団らが捜索を開始したが見つからず、9月2日をもって捜索は打ち切りとなった。しかしその翌日、蔵王山系八方沢付近の登山道近くでうずくまっているところを釣り人によって発見された。全身を強く打って衰弱しており、話もほとんどできない状態であったが、命に別状はなかった。

このケースとほぼ同じ時期、長野県の御嶽山《おんたけ》でも63歳の単独行男性が行方不明となった。男性は27日に「御嶽山に行く」と言って自宅を出発、この日は剣《けん》ヶ峰の山小屋に宿泊し、翌朝、お弁当のおにぎりを持って出ていったのち、行方がわからなくなっていた。それから8日後の9月4日、捜索を行なっていた長野県警ヘリが、七合目の沢の近くで手を振って助けを求めていた男性を発見した。救助された男性は山麓の病院に搬送されたが、腕を骨折しているほか、肩や腰を打つなどして衰弱していたという。

また、北海道の大雪《たいせつ》山系では、同年12月15日から17日までの日程で、黒《くろ》岳から旭《あさひ》岳への縦走を計画した男性2人組のパーティが、下山予定日を過ぎても帰らないという事故が起きた。18日から開始された捜索は難航し、なんの手掛かりも得られないまま「生存の可能性は極めて低い」として、21日には打ち切られてしまった。

しかし、その翌々日の23日、2人のうちの25歳男性が自力で下山してきて、層雲峡温泉に近い国道にたどり着いた。2人は下山中に吹雪でルートを大きく外れてしまい、ビバークしながら山麓を目指して下山を続けてきたが、もうひとりの衰弱が激しく、救助を求めるため男性がひとりで下りてきたのだった。山中でビバークしていた28歳の男性は、その日のうちに出動したヘリによって無事救出された。ビバーク中、2人は体温の低下を防ぐために抱き合って眠り、そうめんにマヨネーズをつけて食べるなど高カロリーな食事を摂って体力を維持していたという。

この事例以降は、北海道の山での長期遭難が目立つ。

02(平成14)年7月11日、単独で札幌市の余市《よいち》岳に入山した39歳の男性が、下山途中で登山道を外れ、竹林のなかに迷い込んでしまった。彼は3日間山中を彷徨ったのち見通しのきく湿地にとどまり、持っていた雨合羽とビニールシートを使ってビバークを続けた。しかし男性が遭難したことに誰も気づかず、23日の夕方になって彼の軽自動車が登山口で見つかったことから、ようやく捜索が始まった。捜索にあたった道警ヘリが、ビバークで座り込んでいる男性を発見したのは25日、遭難して15日目のことだった。

知床《しれとこ》連山の羅臼《らうす》岳では03（平成15）年9月、バイクツーリングで北海道を回っていた22歳の男子大学生が、山麓のキャンプ場にテントを張ったまま行方不明となった。17日に「1人用テントが14日から倒れたままで人がいない」というキャンプ場からの届け出を受けた警察などが捜索を開始し、20日の午後、陸上自衛隊のヘリが、登山道から外れた沢の近くで手を振っていた大学生を発見・救助した。彼は12日にキャンプ場から羅臼岳に向かい、日没前後に登頂したのち、山頂付近で一夜を明かし、翌日、下山を始めた直後にルートを誤り沢筋に迷い込んだという。

この事故から11年が経過した14（平成26）年8月にも、同じ羅臼岳で42歳の単独行男性が行方不明となる事故が起きている。男性が岩尾別登山口から入山したのは8月17日のこと。羅臼岳に登頂後はサシルイ岳、知円別《ちえんべつ》岳、硫黄《いおう》山と知床連山を日帰りで縦走し、硫黄山登山口に下山する計画であった。ところが、入山前に斜里町の知床自然センターでレンタルしたクマ避けスプレーを、20日の午後になっても返却しにこないことから、遭難した可能性が濃厚となった。

捜索は2日間にわたって行なわれたが、手掛かりが得られずいったんは打ち切りに。しかし、入山から8日が経過した24日の午前9時半ごろ、硫黄山の山頂から北に約5キロ離れたオホーツク海側の知床林道付近で、ヒグマの生態を調査していた知床財団の職員らが、道路脇の木に掴まりながら斜面を下りようとしていた人物を発見した。それが行方不明になっていた男性だった。

17日の入山後、彼は硫黄山まで順調にコースをたどってきたが、下りで登山道を外れ、ウブシノッタ川のほうへ迷い込んでいってしまった。さらに標高850メートル付近で滑落して負傷し、行動不能に陥った。幸い、そばに洞窟があったため、その中に入り込み、傷の回復をはかりながら救助を待つことにした。ビバークしている間はヒグマに怯えながらも、わずかな非常食で食いつなぎ、沢の水を飲んでしのいでいたという。だが、その食料も数日で尽きてしまったため、自力下山を試みて22日に行動を再開し、24日にようやく知床林道にたどり着いたのだった。

このほか、大雪山系旭岳では05（平成17）年10月、単独行の42歳の自衛隊員が8日ぶりに救助されたという事例も報告されている。男性は10月9日、旭岳の紅葉をビデオ撮影するため、日帰りの予定で旭岳ロープウェイで入山し、山頂へと向かった。しかし、頂上付近のアイスバーンで30メートルほど滑落したうえ、霧のために方向がわからなくなってしまった。迷い込んだのは旭岳の南西斜面の沢筋で、遭難5日目にはようやく携帯電話が通じ、110番通報をして「遭難した。旭岳の南側の岩場にいる」と伝えた。捜索中のヘリが、忠別川本流の岩の上で手を振る男性を発見したのは、それから4日後の17日のことだった。

北海道以外の山では、ほかに類を見ない特異な長期遭難事故が兵庫県の六甲山《ろっこう》で起きている。06（平成18）年10月7日、六甲山の山上にあるレクリエーション施設「六甲山カンツリーハウス」で、職場の同僚らとバーベキューを楽しんだ35歳男性は、ケーブルカーで下山する際、帰りの切符をなくしたことに気がついた。そこで「切符を落としたようなので、歩いて下りる」と告げて同僚と別れ、午後3時ごろ、山上駅から下山路をたどりはじめた。ところが、途中で高さ約10メートルの崖から転落し、骨盤を骨折して歩けなくなってしまった。どうにか近くの沢まで這っていって水を飲んだものの、携帯電話は水に濡れて使えなくなり、翌日の昼以降のことはほとんど覚えていない。

男性が発見されたのは、約3週間が過ぎた10月31日のこと。山上駅から北東へ約500メートル離れた砂防ダムの堤防上に倒れているところを、現場周辺で環境調査を行なっていた男性がたまたま見つけ、110番通報した。発見当時、男性は目を開いたままでほとんど動かず、呼び掛けにも応じないほど衰弱していた。病院に搬送された男性は、しばらく意識不明の状態が続いていたが、その後回復に向かい、後遺症もほとんどなく、社会復帰を果たした。

記憶をなくしてから発見されるまで、ずっと意識は朦朧としていて、ときに「自分は死んだのではないか」と思うこともあったという。約3週間男性は食料だけでなく水さえもまったく口にしていなかった。救出されたときの体温は22度。低体温症で命を落としても不思議ではないほど低い体温だった。新聞報道によると、男性を治療した担当医は、「ありえない話だが、冬眠という言葉がいちばん当てはまる状態だった」とコメント。体温が22度まで低下したことにより、脳が冬眠するような状態となり、脳組織が壊れなかったことが幸いしたとのことだ。また、冬眠研究の第一人者も、このケースについて「体が冬眠モードに切り替わったと考えなければ説明がつかない」と述べている。

なお、同じ六甲山では、翌07（平成19）年9月16日、ひとりでハイキングに訪れた64歳男性が、霧に巻かれて道に迷い、下山できなくなった。それから8日後の24日に無事発見されたのだが、発見場所は山頂から南西に約4キロ離れた神戸市東灘区の霊園内であった。男性は汚れた服を身につけ、杖をついていて、墓参りに来ていた人に「今日は何日ですか」と話しかけたという。衰弱はしていたものの、命に別状はなかった。

08（平成20）年1月には、吾妻《あづま》連峰でルートを失った55歳の男性が雪山を彷徨い、12日ぶりに自力下山した。男性は前年12月30日に山形県側の天元台高原スキー場から単独で入山、3泊4日の行程で主稜線を東へ縦走し、元日に浄土平の吾妻小舎に泊まり、翌2日に下山する予定だった。

ところが入山して間もなく天候が悪化し、吹雪に阻まれて計画は大きく狂ってしまう。テントでビバークを繰り返しながら前進するも、腰までのラッセルに苦しめられ、1日7時間歩いても500メートルしか進まなかった。それでも1月3日までは現在地を確認できていたが、翌4日にはとうとうルートを失ってしまった。

吹雪は連日続き、昼間でも視界は20メートルほど。進んでいるか戻っているのかさえもわからなかった。だが、スキー場から流れてくる音楽が聞こえてきてからは、その方向に向かって歩き続けようと決め、何度も崖から落ちながらも山や沢を突っ切って進んだ。ラッセルの負担を軽くするため、持っている装備を不要なものから次々と捨てていった。11日に西大巓《にしだいてん》南山麓のグランデコスノーリゾート近くの林道まで下りてきたときに所持していたのは、テントと銀マットだけであった。

09（平成21）年9月、神奈川県西部の丹沢《たんざわ》山塊では58歳の単独行男性が10日ぶりに救助された。男性は9月6日、日帰りの予定で丹沢の玄倉《くろくら》川女郎小屋沢へひとりで入山、沢を遡っていく途中、切り立った崖を登っているときに足を滑らせて転落し、足骨折などの重傷を負って行動不能に陥った。食料は当日分しか所持しておらず、翌日からは雨水や水たまりの泥水を飲んでなんとか命をつないでいた。

ひとり暮らしだったため行き先を誰にも告げておらず、登山計画書も提出していなかった。捜索が開始されたのは、無断欠勤が続いたことを不審に思った同僚が親族に連絡し、男性の部屋を訪れた親族が現場周辺の地図などを発見したことによる。捜索願が出されたときには、入山からすでに1週間近くが経っていた。

遭難して10日目の15日夕方、現場付近を通りかかった救助隊員が「おーい、おーい」「助けてくれ〜」という声を聞き、男性はようやく発見されることになる。現場は急峻な沢のなかだったためヘリコプターが接近できず、救助隊員らが1キロに満たない距離を夜通し12時間かけて背負い下ろしたという。

10（平成22）年8月に北アルプスの三俣蓮華岳で遭難した単独行女性（61歳）の場合も、捜索願が提出されたのは、下山予定日を6日も過ぎたタイミングだった。当初の計画によると、

8月13日に岐阜県側から入山して笠《かさ》ヶ岳山荘まで入り、翌日は抜戸《ぬけど》岳、弓折《ゆみおり》岳を経て双六《すごろく》小屋に宿泊、15日は三俣蓮華岳、黒部五郎《くろべごろう》岳、北ノ俣《きたまた》岳と縦走して太郎平《たろうだいら》小屋まで行き、16日に折立《おりたて》へと下山することになっていた。しかし、14日午前中のうちに双六小屋に着いてしまったことから、計画を変更し先に進むことにしたようだ。その判断が裏目に出て、悪天候のなか、三俣蓮華岳への巻き道コースをたどっていく途中、登山道を外れて東側の沢のほうへと迷い込んでいってしまった。以降、彼女は16日間という長い時間を山のなかで過ごすことになる。家族からの警察への届け出が遅くなってしまったのは、やはり女性がひとり暮らしだったためだ。

このケースでは、双六小屋を出発したあとの足取りがまったくつかめず、捜索は難航したが、生存が絶望視されてもおかしくない8月30日になって朗報がもたらされた。この日、ガイド登山の8人パーティが、20年以上も前に廃道となった伊藤新道を三俣蓮華岳方面から下ってくる途中、赤沢の出合付近の岩陰で助けを求める遭難者の女性を発見し、長野県警のヘリコプターによって無事救助されたのである。

69歳の男性が大峰《おおみね》・奥駈道《おくがけみち》の弥山《みせん》〜八経《はっきょう》ヶ岳〜仏生《ぶっしょう》ヶ岳〜釈迦《しゃか》ヶ岳を2泊3日で縦走する計画を立て、天川川合から単独で入山したのは11（平成23）年8月5日のこと。初日は弥山山頂にある弥山小屋に泊まり、翌日は奥駈道をたどって釈迦ヶ岳を越え、太古《たいこ》ノ辻《つじ》から稜線を離れて、この日の宿泊地・前鬼《ぜんき》へと向かった。

ところが、下っていく途中で激しい雷雨に見舞われ、焦りもあっていつの間にか登山道を外れ、山の奥深くへ迷い込んでしまった。その日から8日までは、がむしゃらに歩き回って道迷いからの脱出を図った。その間、激しい幻覚に翻弄され、いたずらに体力を消耗し、しまいには背負っていたザックも投げ捨ててしまった。

精魂尽き果て、9日から11日までは涸れ沢のなかで動かずに過ごした。しかし喉の渇きに耐えきれず、水を求め、12日に這いずって沢を下りはじめた。100メートルの距離を3時間かけて下り、ようやく水にありつけてほっとしていたときに、救助隊が男性を発見した。「発見は絶望的」と判断されて、男性の捜索はすでに打ち切られていたが、救助隊長の閃きによって一日だけ捜索を再開することになり、それが発見につながったのだった。

この事故の約1年後の12（平成24）年7月16日、44歳の男性が単独日帰りの予定で鈴鹿《すずか》山脈の御池岳《おいけ》へと向かった。計画したのは、ノタノ坂〜土倉岳《はぜくら》〜御池岳〜T字尾根の周回ルート。しかし、スタート時刻が遅くなってしまったため、御池岳の山頂までは行かずに引き返すことにした。その下山途中で、道に迷っていた単独行の中年男性Rに偶然出くわし、いっしょに下りることになった。ところが、歩きながら雑談に夢中になり、ふと気がつくと、いつの間にかルートを失っていた。2人はいったんは沢筋を下っていったが、滝に行き当たったので登り返し、最終的に御池岳の山頂部近くまで来たところでビバークした。

翌朝、山頂部の一角まで上がって登山道に出た2人は、再び下山を開始するが、しばらく下るうちにまたしても道に迷ってしまう。焦りから何度も登り下りを繰り返すうちに、先行する男性は幻覚・幻聴を見聞きするようになり、Rはいつの間にか姿を消していた。

ひとりになった男性は、ひどい幻覚に苛まれながら彷徨と停滞を繰り返した。しかし、遭難して6日目の22日、沢のほとりに出たところで力尽き、とうとう倒れ込んだまま動けなくなってしまった。家族からの依頼を受けた三重県山岳連盟の捜索隊が彼を発見したのは、まさにその状態で死を覚悟していたときだった。

それまで男性は自分の山行記録をまめにヤマレコにアップしていたが、この遭難の記録もアップしたところ、アクセス数が一気に増え、〝伝説の遭難者〟と呼ばれるなどヤマレコ内ではちょっとした有名人になった。しかし、翌13（平成25）年11月下旬、単独で銚子ヶ口から御《ご》在所《ざいしょ》岳へ向かう途中で転落し、帰らぬ人となった。

14（平成26）年5月3日、64歳の単独行男性が奥秩父《おくちちぶ》の雲取《くもとり》山方面に入山し、この日は三条の湯に宿泊した。男性にとって、ゴールデンウィークに雲取山に登るのはここ数年の恒例行事になっていた。翌日は雲取山荘までの行程だったが、過去2回は水無尾根を登っていたことから、この年は飛竜山《ひりゅう》を経由して雲取山へ向かうことにした。

山頂には昼ごろ到着し、昼食を摂って行動を再開したが、その直後にルートを誤った。山頂付近は残雪に覆われていてルートがわかりにくく、雲取山とはほぼ正反対の方向へ進んでしまったのである。クマザサの藪漕ぎとなった時点で、さすがに「これはおかしい」と感じたが、登り返すのが面倒だったので、そのまま下り続けていった。

それから山中を彷徨うこと9日間、沢を下っては尾根に登り返し、小さな谷筋と尾根筋をいくつも越えた。その後、突如クマザサが途切れ、廃道となっていた大常木林道に飛び出し、人里である一ノ瀬高橋に自力下山したのだった。

18（平成30）年のゴールデンウィークには、秋田と山形の県境に位置する神室山《かむろ》で、47歳の女性が6日ぶりに救助されるという事故が起きた。女性は単独で4月29日に土内口《つちうち》から入山、この日は神室山避難小屋に泊まるつもりだったが、想像以上に道が荒れていて時間を食ってしまい、権八小屋跡でビバークした。

翌30日は無事、神室山ピークを踏み、天狗森、小又山《こまた》、火打岳《ひうち》と順調に稜線をたどっていった。ところが、夕暮れが迫るなか、下山途中の雪上でうっかり転倒し、ジャケットのポケットに入れていたスマホとバッテリーを紛失してしまった。スマホを捜しているうちに夜になってしまい、結局、その日も山中でビバークすることになった。

翌日から2日間かけて登山口に近い砂利押沢までなんとか下りてきたが、雨が降りはじめ徒渉に危険を感じたため大きな岩陰で待機した。しかし、その後も雨は降り続き、2日間をその場所で過ごした。そして遭難6日目の5月5日、ようやく雨が上がったため、稜線まで登り返すことを決意し行動を再開。稜線近くまで登って休憩していた午後1時前、彼女を捜索していた捜索隊に発見・救助されたのだった。

21（令和3）年6月6日、27歳男性が日帰りでの西穂高岳登山を計画し、岐阜県側の新穂高温泉からロープウェイを利用して単独で入山した。しかし、丸山に着いた時点で登頂を諦め、バスに乗る予定だった上高地へ下山しようとしたところ、中尾根の標高2000メートル付近で道に迷い、疲労のため行動不能に陥ってしまった。14日になって、近くを通りかかった登山者の鈴の音が聞こえたため、声を絞り出して助けを求め、ようやく発見・救助された。食料は持っておらず、遭難中は沢の水を飲んで空腹をしのいだが、生水のせいか体調を崩したという。携帯電話は落として故障し、使えなかった。

同年11月10日、「1泊2日で山登りに行く」と言って家を出た71歳の男性が、翌日になっても帰宅せず、家族が警察に捜索願を届け出た。しかし、どこの山に行ったのかがわからず、ヘリでの捜索や携帯のGPS履歴調査などを行なったものの、手掛かりは得られず、捜索は暗礁に乗り上げた。

その男性の車が浜松市天竜区の戸中川林道ゲート近くで発見されたのは11月18日未明のこと。同日午前10時ごろ、ゲート付近で作業をしていた建設作業員が、自力で歩いて下山してきた男性を発見・保護した。男性が登ったのは南アルプス深南部の不動岳《ふどうが》で、遭難に至る経緯などは不明。所持していた2日分の食料が尽きたあとは、「そのへんに流れている水を飲んで飢えをしのいでいた」と言う。

同じ南アルプス南部では22（令和4）年7月9日、1泊2日の予定で長野県側の芝沢ゲートから聖《ひじり》岳に入山した60歳の男性単独者が、予定日を過ぎても下山せず、家族が警察に届け出るという遭難事故が発生した。警察などによる捜索は12日から始まったが、発見できずにいたところ、16日夜、芝沢ゲートに自力下山してきた。男性は聖岳に登頂後の下山中、濃い霧に巻かれて道に迷ってしまったそうだ。その後、悪天候が続いたため沢べりにツエルトを張ってビバーク。天候回復後に行動を再開し、地図を見ながら下山を果たしたのだった。

同年8月4日、61歳と69歳の女性2人パーティが、1泊2日の計画で大峰山脈の弥山に登るため、天川川合から入山した。1日目は無事、弥山小屋にたどり着いたが、翌日、往路をたどって下山する予定を変更し、レンゲ道を下って行く途中でルートを外れ、山中に迷い込んでいってしまった。不幸中の幸いだったのは、遭難2日目に古びた作業小屋を見つけたことだ。2人はここで焚き火をおこし、風雨をしのぎながら救助を待ち続けた。しかし、1週間が経っても発見してもらえなかったため、ひとりが救助を求めて行動を開始。尾根に上がって開けた場所に出たところで携帯電話がつながり、8月14日、2人とも無事、発見・救助された。

以上、長期遭難における生還劇をざっと振り返ってみたが、それらの事故要因の大半が道迷いであることは一目瞭然だ。「道に迷ったら、それ以上は進まず、たどってきたルートを引き返す」のが山登りの鉄則とされており、登山者なら誰でも知っていることだと思うのだが、なかなかそれが実践されていないこともわかる。これまで検証してきた遭難事例でも、なにか見えない力に引っ張られるがごとく、「引き返すべきだとは思いましたが、そのまま進み続けてしまいました」という人がほとんどだった。

頭では「引き返すのがベストだ」と理解していながら、それを実行できないのは、さまざまなバイアス――自分に都合のいい情報だけを受け入れて思い込みを強化していく確証バイアス、ある程度までの異常を正常な範囲内のものと認識する正常性バイアス、物事を自分の都合のいいようにとらえる楽観主義バイアス、それまでの労力を無駄にしたくないと考える心理傾向など――が働くからだ。これは登山経験の長さにはあまり関係がない。初心者が陥りやすいのは当然としても、何十年もの登山経験があるベテランでも、実に呆気なくこの罠にはまり込んでしまう。

こうして山の奥深くまで迷い込んでしまい、脱出不能となったとき、遭難者の行動パターンは主に次の2つに分かれるようだ。ひとつは、あたふたせずに、その場に留まってじっと救助を待つパターン。そしてもうひとつは、半ばパニック状態に陥ってしまい、やみくもに山中を放浪するパターンである。

どちらのパターンをとるかは、あくまで個人的な印象だが、個々の性格によるものが大きい気がする。ふだんから冷静沈着で物事に動じない人は、覚悟を決めてその場で救助を待ち続けるが、逆にせっかちな人やプレッシャーに弱い人は、じっとしていられずに山中を彷徨してしまう――そんな傾向があるように感じる。

ただ、行動を決めるのは性格だけではない。たとえば事前に登山計画を作成し、それを登山届として提出し、家族とも共有している場合、帰宅予定日を過ぎても帰らなければ捜索が始まるはずだし、予定コースも知らせてあるから、そう時間はかからずに発見してもらえると期待できる。だったら動き回らずに、発見されやすい場所でじっと救助を待つという判断に、おのずとなろう。しかし、登山届を出しておらず、家族にも詳しい計画を伝えていなかったら、いつ捜索が始まるのかわからず、発見されるまで時間もかかるはずだから、当然、自力脱出を図ろうとするだろう。

そのほかにも、周囲の状況、体力の消耗度、ツエルトの有無、どれぐらい食料を持っているか、周辺で水が補給できるかどうかなども考慮したうえで、動くか留まるのかを決めるのだと思う。

では、生還できる確率が高いのはどちらなのかというと、やはり一箇所に留まって救助を待つほうに分があるようだ。山中を放浪すれば、それだけリスクに遭遇しやすくなるし、体力も消耗してしまう。山で道に迷い、あてもなく彷徨っているうちに崖から転・滑落して命を落としてしまうというのは、道迷い遭難の典型的なパターンである。

ただし、その場でじっと救助を待っていても、必ずしも発見してもらえるという保証はない。道に迷った遭難者は、ときに捜索者が想定しない奥深い場所にまで入り込んでしまっている。

そのような場合、ある一定期間内になにも手掛かりが得られなければ、捜索は打ち切られてしまう。公的機関による捜索は、担当機関の考え方や現場の状況などによって異なり、長くて1週間程度、短ければ2、3日だと思うが、とくに近年は捜索期間が短くなっているような気がする。その半面、公的機関による捜索が打ち切られたのち、民間救助隊が捜索を引き継いで遭難者を発見するというケースが目立つようになってきた。

一箇所に留まっている遭難者は、捜索が打ち切られたあとは、救助ではなく死を待つことになってしまう。捜索の打ち切りを察したとき、生きて帰るには最後の力を振り絞って自力脱出を試みるしかなく、そうやって生還を果たしたケースは散見される。とはいえ、行動を起こすタイミングは難しく、脱出するまでのリスクを考えると、レアケースといっていい。

一方、無我夢中で山中を彷徨い歩き、死の一歩手前まで追い込まれながらも生還を果たした遭難者も皆無ではない。彼らに共通しているのは、山のなかを動き回ってはいたが、最終的に体力が尽き、あるいは転・滑落してしまい、行動不能に陥ってその場に留まらざるをえなくなっていたことだ。その状態でいたところを捜索隊によって発見されたわけで、形としては一箇所にじっとして救助を待っていたのと同じことになる。

ただ、このようなケースでは、遭難者は精魂尽き果てる寸前であることが多く、発見されるタイミングが悪ければ、命を落としていた可能性が高い。

いたずらに動き回らずに同じ場所でじっと救助を待っていても、発見されなければ死んでしまうし、幻覚や幻聴に悩まされながら力尽きるまで山のなかをうろついても、すんでのところで救われることもある。実際、全国各地の山では、発見されずに行方不明になったままの登山者が少なからずいると聞く。一方で〝奇跡の生還〟を果たす登山者もいる。その差はおそらく紙一重なのだろう。

結局のところ、助かるか助からないのかは、〝運〟なのだと思う。長年、遭難事故を検証してきて強く感じるのは、そのことだ。

ただ、生死は運次第だとしても、「絶対に生きて帰るんだ」という強い意志、最後まで諦めない精神力の強さが、その運をたぐり寄せる力になるであろうことは、信じていたい。

最後になったが、長期遭難の当事者にならないようにするには、やはり「登山届を提出し、家族とも共有すること」「道に迷いそうになったら引き返すこと」に尽きると思う。

すべての登山者には、この2つの鉄則を常に実践していただくことを願う。

あとがき

かつての山岳遭難救助は、人力だけが頼りだった。

事故が発生したときには、遭難者の仲間が現場から歩いて下山し、一報を受けた地元の関係者、あるいは所属山岳会の仲間が、やはり歩いて現場へと向かい、遭難者を背負って下ろすというのが一連の流れだった。当然、救助にはかなりの時間がかかり、搬送中に遭難者が息を引き取ってしまうことも少なくなかった。

それを一変させたのがヘリコプターだった。遭難救助にヘリコプターが活用されるようになり、警察や消防、民間の救助隊員の技術も向上することで、迅速な救助活動が行なわれ、遭難者の救命率は格段に上がった。今日の山岳遭難救助は、ヘリコプターなくして成立しないといっても過言ではない。

さらに遭難者の捜索・救助の効率化に大きく貢献しているのが、電波を使った位置情報探索システムだ。登山中の位置情報を家族や友人に知らせたり、遭難者の位置を特定したりするシステムは、すでに実用化が始まっている。こうした技術革新によって、遭難者の早期発見・救助が実現し、遭難者だけではなく救助に携わる人たちの負担も軽減されるようになった。

だが、そんな現代においても、山のなかの迷宮に入り込んで、まるで神隠しに遭ったかのように行方がわからなくなってしまう遭難事故が、ときたま起こる。本書では、単独行の登山者が遭難して行動不能に陥り、長期にわたって生死の境を彷徨いながら、なんとか生還を果たした4つの事例を検証した。


大峰《おおみね》山脈・弥山《みせん》の事例は、事故の3カ月後に冨樫さんにお会いして話をうかがい、『山と溪谷』2017年4月号に5ページの検証記事を掲載した。その後、冨樫さんが遭難中にしたためていたメモをもとに手記を執筆したことが、本書をつくるきっかけとなった。

話をうかがった際には、重傷を負いながら冷静沈着に対処していたことが印象に残ったが、手記を読むと実はそうでもなかったことがわかる。幻覚を見ていたことを数年後になってようやく認識できたぐらいなのだから、実は精神的にも肉体的にもそうとう追い込まれていたのだろう。

この事故に関しては、10年に両神山《りょうかみ》で遭難して12日ぶりに奇跡的に生還した多田さんとの対談をセッティングしたり、冨樫さんといっしょに現場を検証したりもしているので、個人的にもとくに記憶に残る事例となっている。

北アルプス・不帰《かえらず》ノ嶮《けん》での道迷いは、本書が刊行される前年に起きた新しい事故である。遭難者は「検証記事を読んで『バカな奴がいるな』と思ってもらってもいいし、『こんなふうに迷っちゃうこともあるんだ』と思って気をつけてくれる人がひとりでもいればいい。そう思って取材を受けることにした」と言ってくれた。ありがたいことである。

助けを求める声は聞こえているのに、なかなか発見には至らないという珍しいケースであったが、捜してもらっていることは明らかだったから、遭難者は「必ず助け出してもらえる」と信じて耐え続けることができた。登山届を提出すること、行き先や計画をちゃんと家族に伝えておくことの意味・重要さを再認識させられた事例でもあった。

また、遭難者は前述した両神山の事故の検証記事(『ドキュメント単独行遭難』に掲載)を読んでいて、「それと比べれば、自分の遭難はまだまだマシなほうだと思えたことが支えになった」とも言っていた。13年前に多田さんが取材に応じてくれたこと、その検証記事を書いたことが、生還の一助になったのかなと思え、嬉しく感じた。

北アルプス・祖母谷《ばばだに》での事故は、道に迷ったわけでもなく、行動不能の大ケガを負ったわけでもない。状況からして、強引に脱出を図ろうとしてもおかしくなかったが、それをせずに救助を待つ選択をしたことが生還につながった。計画を家族に伝えていなかったことが初動の遅れを招くことにはなったが、やはり登山届を提出していたことで、遅かれ早かれ捜索が始まって救助されることを、筒井さんは信じ続けていられた。

この検証記事が『山と溪谷』18年9月号に掲載されて間もなく、筒井さんからお礼の葉書が届いた。それには、「雑誌が自宅に届いたのが奇しくも1年前に蓮華《れんげ》温泉に到着した日と同じで何か因縁を感じました」「現在体力も徐々に回復し、山歩きの目標に向かって日々精進しております」とあった。

だが、それから2年ほどして、今度は娘さんから葉書をいただいた。筒井さんが亡くなったという報せだった。その葉書には、「病には勝てませんでしたが、天国で山に登っていると思います」と書かれていた。今回、本書に検証記事を転載するにあたっては、娘さんに実名表記を了解していただくとともに、筒井さんの体験を本として残すことへのお礼の言葉も頂戴した。改めて筒井さんのご冥福をお祈り申し上げます。

さて、「YAMAP MAGAZINE」のインタビュー記事を見て興味を覚え、遭難者への取材が実現して執筆したのが国見岳《くにみ》の事例である。話をうかがい、思っていた以上に壮絶な体験であったことを知り、よくぞ命を落とさずにすんだものだと思わずにはいられなかった。遭難者にお会いしたのは残暑の厳しい9月上旬だったが、最後に見た幻覚のくだりには、思わず背筋がぞわっとしたことをよく覚えている。

この事故では、ご家族がSNSを通して情報提供や捜索の協力を求めたことが、遭難者の発見につながった。その半面、一部で誹謗中傷もあった。このケースに限ったことではないが、近年は山での遭難者に対して過剰に反応する輩がいる。その多くが「自己責任で行なっているのだから、助ける必要はない」「救助費用を税金でカバーするな。全額自己負担にしろ」といった批判なのだが、「自己責任」とはいえ「助ける必要はない」という考え方には賛同できない。今まさに命の危険にさらされている人には、なにはさておき手を差し伸べるのが当然であり、救助費用云々の話はそのあとですればいい。

また、最近は実際の遭難事故を扱った遭難系YouTubeチャンネルが多数開設されているが、この事故も格好の題材となってしまい、何本か動画が公開されている。これら遭難系YouTubeチャンネルは、「事故再発防止」を謳いながら、実のところは人の不幸をネタにした安直な小遣い稼ぎを目的としているから始末が悪い。しかも、再生回数を稼ぎたいからだろう、見るに堪えないサムネイルの動画も多く、事故の当事者や関係者は不当におとしめられている。国見岳の遭難事故も例外ではなく、たとえ関係者でなくとも怒りを覚えずにはいられない。本書のことからはちょっと話が逸れてしまったが、今の遭難系YouTubeチャンネルには、名誉毀損や著作権侵害にあたる可能性があることを知っていただきたい。

最後になりましたが、事故の当事者およびそのご家族、そのほか情報提供などでご協力いただいた方々、そして山と溪谷社の神谷浩之様に、心より感謝申し上げます。

2024年4月9日

羽根田 治

◉初出

1章　手記　書き下ろし
　　　検証　『山と溪谷』2023年3月号
　　　対談　『山と溪谷』2018年1月号
2章　『山と溪谷』2024年1月号
3章　『山と溪谷』2018年9月号
4章、5章　書き下ろし

本書にまとめるにあたり、
加筆・修正を行ない再構成しています。

◉参考資料

『山靴を履いたお巡りさん』
『ザイルをかついだお巡りさん』
『山と溪谷』各号
『ドキュメント生還』
『ドキュメント道迷い遭難』
『ドキュメント単独行遭難』
『山岳遭難の教訓　実例に学ぶ生還の条件』
（以上、山と溪谷社）
『山の遭難——あなたの山登りは大丈夫か』
（平凡社新書）
「YAMAP MAGAZINE」

羽根田 治（はねだ・おさむ）

1961年、埼玉県生まれ。フリーライター、長野県山岳遭難防止アドバイザー、日本山岳会会員。山岳遭難や登山技術の記事を、山岳雑誌や書籍で発表する一方、沖縄、自然、人物などをテーマに執筆活動を続けている。『ドキュメント生還——山岳遭難からの救出』『ドキュメント 気象遭難』『ドキュメント 滑落遭難』『ドキュメント 道迷い遭難』『ドキュメント 単独行遭難』『野外毒本』『これで死ぬ』（以上、山と溪谷社）、『山はおそろしい 必ず生きて帰る！ 事故から学ぶ山岳遭難』（幻冬舎新書）など著書多数。

地図製作・DTP
株式会社千秋社
校正
與那嶺桂子
ブックデザイン
天池 聖（drnco.）
編集
神谷浩之（山と溪谷社）

ドキュメント生還《せいかん》2
長期遭難《ちょうきそうなん》からの脱出《だっしゅつ》

2024年6月5日 初版第1刷発行

著 者 羽根田 治
発 行 人 川崎深雪
発 行 所 株式会社 山と溪谷社
〒101-0051
東京都千代田区神田神保町1丁目105番地
https://www.yamakei.co.jp/
印刷・製本 株式会社シナノ

●乱丁・落丁、及び内容に関するお問合せ先
山と溪谷社自動応答サービス
TEL.03-6744-1900
受付時間／11:00～16:00（土日、祝日を除く）
メールもご利用ください。
【乱丁・落丁】service@yamakei.co.jp
【内容】info@yamakei.co.jp
●書店・取次様からのご注文先
山と溪谷社受注センター
TEL.048-458-3455 FAX.048-421-0513
●書店・取次様からのご注文以外のお問合せ先
eigyo@yamakei.co.jp

ISBN978-4-635-34046-5